मानवसेवी

एनी बेसेंट

कुछ प्रमुख जीवनियाँ

ईश्वरचंद्र विद्यासागर
नेपोलियन बोनापार्ट
चंद्रशेखर आजाद
लाला हरदयाल
राजा राममोहन राय
आनंदमूर्ति
बेंजामिन फ्रैंकलिन की आत्मकथा
जगदीशचंद्र बसु
लोकमाता अहिल्याबाई
लोकमान्य बाल गंगाधर तिलक
लियोनार्दो द विंची
शिखर भारतीय महिलाएँ
मैडम भीखाजी कामा
प्रथम अंतरिक्ष यात्री यूरी गागरिन
लियो टॉल्स्टॉय
आचार्य विनोबा भावे
स्वामी रामदेव
आर्यभट
अन्ना हजारे
नेल्सन मंडेला
महर्षि अरविंद घोष
कस्तूरबा गांधी
कर्नल जिम कॉर्बेट
मौलाना अबुल कलाम आजाद
होमी जहाँगीर भाभा
नेताजी सुभाषचंद्र बोस
भगिनी निवेदिता
भारत कोकिला सरोजिनी नायडू
स्टीफन हॉकिंग
गोपाल कृष्ण गोखले
रवींद्रनाथ टैगोर
स्वामी दयानंद सरस्वती
क्रांतिनायक बिपिनचंद्र पाल
निकोलस कॉपरनिकस

मानवसेवी
एनी बेसेंट

प्रवीण भल्ला

प्रकाशक
प्रभात प्रकाशन प्रा. लि.
4/19 आसफ अली रोड, नई दिल्ली–110002
फोन : 011–23289777 • हेल्पलाइन नं. : 7827007777
इ–मेल : prabhatbooks@gmail.com ❖ वेब ठिकाना : www.prabhatbooks.com

संस्करण
2025

पेपरबैक मूल्य
तीन सौ पचास रुपए

मुद्रक
नरुला प्रिंटर्स, दिल्ली

———— ★ ————

Manavsevi ANNIE BESANT
A biography by Parveen Bhalla

Published by **PRABHAT PRAKASHAN PVT. LTD.**
4/19 Asaf Ali Road, New Delhi-110002

ISBN 978-93-5048-320-6

₹ 350.00 (PB)

दो शब्द

थियोसॉफिस्ट, दार्शनिक, आध्यात्मिक गुरु, प्रगतिशील लेखिका, विदुषी, शिक्षिका, कुशल वक्ता—जितने रूपों की कल्पना की जाए, एनी बेसेंट के महान् व्यक्तित्व में सभी सजीव हो उठते हैं। वर्ष 1847 में आयरलैंड में जनमीं एनी बेसेंट बचपन से ही आर्थिक और पारिवारिक समस्याओं से जूझती रहीं। एलन मैरियट के सरंक्षण में उन्होंने कई भाषाओं का ज्ञान अर्जित किया; 'ईसाई धर्म' से प्रभावित होने के कारण फ्रांस व जर्मनी के चर्चवाद का गहन अध्ययन किया। लेकिन कट्टरपंथी तथा संकुचित मानसिकता वाले फ्रैंक बेसेंट के साथ विवाह होने के बाद उनका 'ईसाई धर्म' के प्रति मोह भंग हो गया। तत्पश्चात् ईश्वरीय अनास्था तथा चार्ल्स ब्रैडलॉफ के सान्निध्य में वे निरीश्वरवाद की ओर उन्मुख हुईं।

पारिवारिक अलगाव के साथ-साथ एनी बेसेंट ने कानूनी अन्याय भी झेला था। कोर्ट ने जब उनसे उनके बच्चे छीनकर फ्रैंक बेसेंट को सौंप दिए , तब उनके ममतामयी हृदय से ये उद्गार निकले, "यह अमानवीय कानून है, जिसने बच्चों को उनकी माँ से अलग कर दिया है। अब मैं अपने दुःखों का निवारण दूसरों के दुःखों को दूर करके करूँगी और सब अनाथ तथा असहाय बच्चों की माँ बनूँगी।" इस कथन को उन्होंने सत्य कर दिखाया और आजीवन दूसरों की सेवा करती रहीं।

विलक्षण वाक्-कौशल तथा लेखन उनके स्वाभाविक गुणों में शामिल थे। उनका उद्देश्य इनके द्वारा अपने ज्ञान को संपूर्ण विश्व में फैलाना था। वे मानती थीं कि 'सत्य की खोज के लिए स्वतंत्र विचार आवश्यक हैं।' इस विषय में लिखे गए उनके लेखों ने लोगों के मन में उनके प्रति श्रद्धा और सम्मान के भाव भर दिए। वे किसी भी सिद्धांत को जीवन में उतारकर उपदेश देती थीं।

एनी बेसेंट भारत को अपनी मातृभूमि समझती थीं और उसकी स्वतंत्रता के लिए प्रतिज्ञाबद्ध थीं। बदलती परिस्थितियों का उन्होंने निकटतम अवलोकन किया। अंग्रेजों द्वारा भारतीयों पर किए जाने वाले अत्याचारों को प्रत्यक्ष देखा। उनकी कूटनीतियों तथा स्वार्थपरता का भी उन्हें ज्ञान था। इसलिए होमरूल लीग के रूप में उन्होंने इन समस्याओं का हल निकाला। इसके लिए वे जेल जाने से भी पीछे नहीं हटीं।

भारत में शैक्षिक, सामाजिक एवं राजनीतिक क्षेत्र में राष्ट्रीय पुनर्जागरण का श्रेय एनी बेसेंट को दिया जाता है। उनका मानना था कि सबके लिए शिक्षा का समुचित प्रबंध होना चाहिए। उन्होंने शिक्षा में धार्मिक और नैतिक शिक्षा को अनिवार्य रूप से

पढ़ाए जाने तथा उसे प्राचीन भारतीय आदर्शों पर आधारित होने के लिए जोर दिया। स्वयं इसकी पहल करते हुए उन्होंने बनारस में लड़कों व लड़कियों के लिए हिंदू विद्यालयों की नींव रखी, जो उनके आदर्शों के प्रतिबिंब हैं।

एनी बेसेंट स्वभाव से धार्मिक प्रवृत्ति की महिला थीं। उनके आध्यात्मिक व नैतिक मूल्य उनके राजनीतिक तथा सामाजिक विचारों की आधारशिला थे। उनके अनुसार, 'धर्म का वास्तविक ज्ञान आध्यात्मिक चेतना द्वारा संभव है। यही आध्यात्मिकता भारतवर्ष की अमूल्य निधि है।' वे हिंदू समाज की विकृतियों को दूर करना चाहतीं थीं। लेकिन हिंदू धर्म की समर्थक होने के बाद भी असहिष्णु नहीं थीं। वे अकसर कहती थीं कि हिंदू धर्म में इतनी विभिन्नता उसे सहिष्णु बनाती है। इसका प्रमुख कारण बौद्धिक विकास की स्वतंत्रता है।

थियोसॉफी के अंतर्गत पाश्चात्य भौतिकवाद की आलोचना करते हुए उन्होंने पुरातन हिंदू संस्कृति तथा अध्यात्म को श्रेष्ठ प्रमाणित किया। रामायण, गीता, उपनिषद जैसे प्राचीन हिंदू ग्रंथों का अंग्रेजी अनुवाद प्रस्तुत करके उन्होंने यूरोपीय समाज को भारतीय दर्शन और आदर्शवाद से परिचित करवाया। उनके प्रयासों से ही भारत का आध्यात्मिक दर्शन विश्व में प्रतिष्ठित हुआ।

आधुनिक विश्व में नारी की दयनीय दशा देखकर वे व्यथित थीं। उनकी स्वतंत्रता का स्वर तीव्र करते हुए उन्होंने चेतावनी दी कि 'समाज के सर्वांगीण विकास के लिए नारी के अधिकारों को सुरक्षित करना आवश्यक है। जो राष्ट्र इस तथ्य को अनदेखा करते हैं, वे पतन की ओर अग्रसर होकर शीघ्र नष्ट हो जाते हैं।' विधवा-विवाह तथा अंतरजातीय विवाह उनकी दृष्टि में 'धार्मिक कर्म' की श्रेणी में आते थे।

जीवन में उन्होंने अनेक उतार-चढ़ाव देखे; बार-बार लोगों के आघात सहे; अथक परिश्रम किया, लेकिन फिर भी अपने पथ से विचलित हुए बिना वे निरंतर संघर्षरत रहीं। अन्याय और अनाचार के विरुद्ध उनका यही संघर्ष नए विचारों का जनक बना। सुधार चाहे धर्म का हो; समाज का हो या राजनीति—एनी बेसेंट हर बार अग्रिम पंक्ति में खड़ी होने के लिए उत्सुक रहीं। उनकी यह उत्सुकता केवल स्वार्थरहित कल्याणकारी मनोभावों पर आधारित थी।

यह पुस्तक इसी विश्व-प्रसिद्ध नारी के जीवन पर आधारित है। इसमें एनी बेसेंट के जीवन-चित्रों, महान् कार्यों तथा दार्शनिक विचारों को गूँथने का प्रयास किया गया है। आशा है, समाज में सकारात्मक परिवर्तन की चाह रखनेवालों के लिए यह पुस्तक अमूल्य धरोहर सिद्ध होगी।

—प्रवीण भल्ला

अनुक्रमणिका

1

एनी का जन्म

अभी वुड परिवार लंदन में ठीक से व्यवस्थित भी नहीं हुआ था कि एमिली के प्रसव का समय निकट आ गया। लेकिन इस दौरान उनका स्वास्थ्य निरंतर गिरता जा रहा था। अनजान देश में डॉ. विलियम नितांत अकेले थे, इसलिए उनकी चिंता बढ़ रही थी। यह बात एमिली से छिपी नहीं थी। लेकिन उन्हें ईश्वर पर विश्वास था। अत: एक दिन उन्होंने पति को समझाते हुए कहा, ''आप व्यर्थ चिंता मत कीजिए। जैसे हैनरी का जन्म हुआ था, उसी तरह इस शिशु का जन्म भी बिना परेशानी के हो जाएगा। आप निश्चिंत रहे।''

''चिंता स्वाभाविक है। परिस्थितियाँ बदल चुकी हैं; अभी हम अव्यवस्थित हैं; आर्थिक दृष्टि से भी हमें अनेक समस्याओं का सामना करना पड़ रहा है। इन परेशानियों के कारण मैं तुम्हारे स्वास्थ्य का उचित ध्यान नहीं रख सका।'' विलियम ने गंभीर स्वर में उत्तर दिया।

एमिली ने पति को ढाँढस बँधाया, ''आप ये कैसी बातें कर रहे हैं? सच कहूँ तो आपने मेरा पूरा ध्यान रखा है; मुझे किसी प्रकार की कोई कमी नहीं होने दी। आप देखना, मैं एक स्वस्थ शिशु को जन्म दूँगी।''

डॉ. विलियम हलके से मुसकराए। तदनंतर गंभीर स्वर में बोले, ''तुम्हारा कथन सत्य हो। परंतु याद रखना कि मैं तुम्हें कभी खोना नहीं चाहता। मुझे जीवन भर तुम्हारा साथ चाहिए; तुम्हारे बिना मैं अधूरा हूँ।''

इस बार मुसकराने की बारी एमिली की थी। वे खिलखिलाते हुए बोलीं, ''मैं इतनी जल्दी आपका साथ छोड़नेवाली नहीं हूँ, बल्कि जीवन भर आपकी आँखों के सामने रहूँगी।''

चिंता और हास-परिहास से मिश्रित वार्त्तालाप यहीं समाप्त हो गया।

अगले दिन सुबह से ही एमिली को प्रसव का दर्द होने लगा; वे मछली की तरह छटपटाने लगीं। संयोग से उस दिन डॉ. विलियम कार्यालय से जल्दी लौट आए थे। आनन-फानन में उन्होंने एमिली को अस्पताल पहुँचाया और शुभ समाचार की प्रतीक्षा करने लगे।

1 अक्तूबर 1847; शाम के 5.39 बजे थे। तभी लेबर रूम से एक नर्स बाहर निकली और खुशी व्यक्त करते हुए बोली, ''बधाई हो, मिस्टर विलियम! आपकी पत्नी ने एक स्वस्थ पुत्री को जन्म दिया है।''

पुत्री-जन्म का समाचार सुनकर डॉ. विलियम की प्रसन्नता का ठिकाना न रहा। लेकिन सहसा उन्होंने व्याकुल होकर पूछा, ''मेरी पत्नी कैसी है?''

''वे भी पूरी तरह से स्वस्थ हैं।'' प्रत्युत्तर देकर नर्स वहाँ से चली गई।

थोड़ी देर बाद उन्हें पत्नी और पुत्री से मिलने की अनुमति मिली। वे तेजी से कक्ष में प्रविष्ट हुए। सामने एमिली अधलेटी अवस्था में बैठी हुई थीं। उनके निकट ही सफेद कपड़ों में लिपटी एक नन्ही बच्ची आँखें मूँदे सो रही थी। उसका चमकदार गुलाबी रंग ताजे खिले गुलाब की तरह आँखों को ठंडक दे रहा था।

विलियम नवजात शिशु की ओर एकटक देख रहे थे।

एमिली ने मुसकराते हुए पूछा, ''क्या देख रहे हैं आप?''

''देख रहा हूँ कि आसमान से यह कौन सी परी हमारे घर में उतर आई है! सच कहूँ तो पुत्री को जन्म देकर तुमने मुझे सौभाग्यशालियों की श्रेणी में खड़ा कर दिया है। जितनी प्रसन्नता मुझे हैनरी के जन्म पर हुई थी, उससे कहीं अधिक आज हो रही है क्योंकि अब मैं पूर्ण पिता बन गया हूँ।'' यह कहकर उन्होंने बच्ची को गोद में उठाया और धीरे से चूम लिया।

फिर कुछ दिनों बाद एक छोटे से पारिवारिक समारोह में विलियम ने नवजात शिशु का नाम रखा—'एनी'। आगे चलकर यही बच्ची 'एनी वुड बेसेंट' के नाम से विश्व विख्यात हुई।

पारिवारिक पृष्ठभूमि

डॉ. विलियम वुड का जन्म गैल्वे में हुआ था। वे 'वुड' जाति से संबंधित थे, जो कृषक वर्ग में आती थी। खेतीबाड़ी उनकी जीविका का एकमात्र साधन था। परंतु बाद में वुड जाति का प्रभाव लंदन की पार्लियामेंट तक पहुँच गया। इसका श्रेय मैथ्यू वुड नामक एक व्यक्ति को जाता है, जिसे परिश्रम और भाग्य के बल पर लंदन की संसद् का सदस्य बनने का गौरव प्राप्त हुआ। आयरलैंड और ब्रिटेन के राजघरानों में उनका आना-जाना था। विलियम इन्हीं मैथ्यू वुड के बड़े भाई रॉबर्ट राइट वुड के पुत्र थे। उनकी शिक्षा-दीक्षा गैल्वे में हुई थी। ट्रिनिटी कॉलेज से डॉक्टरी करने के बाद वे आयरलैंड में कार्य करने लगे।

एक मित्र के घर विलियम की भेंट एमिली मोरिस से हुई। पहली भेंट में ही लाल बालों, भूरी आँखों तथा गौर वर्णा एमिली की सुंदरता विलियम की आँखों से उतरकर हृदय में समा गई। एमिली भी उनकी बौद्धिकता और रोबदार व्यक्तित्व से प्रभावित थीं। दोनों एक-दूसरे को पसंद करने लगे थे।

आयरिश मूल की एमिली उन मैलिज़ियन राजाओं के वंश से संबंधित थीं, जो शताब्दियों पूर्व स्पेन से आयरलैंड आकर बस गए थे। छह भाई-बहनों के भरे-पूरे परिवार में सबसे लाड़ली एमिली को उनकी बुआ ने गोद ले लिया था। इसके बाद उनका लालन-पालन और शिक्षा-दीक्षा उनके पास ही संपन्न हुई।

कुछ महीनों बाद विलियम और एमिली विवाह-बंधन में बँध गए। विवाह के उपरांत उनके घर हैनरी नामक एक पुत्र ने जन्म लिया।

पलायन

सन् 1845 में आयरलैंड को प्रकृति का भीषण प्रकोप झेलना पड़ा। उसका दक्षिणी-पश्चिमी भाग अकाल की चपेट में था। पानी और अन्न के अभाव के चलते चारों ओर भुखमरी फैली थी। वर्ष 1845 से 1847 तक अकाल अपने चरम पर रहा। इसके फलस्वरूप आपराधिक घटनाओं में अप्रत्याशित वृद्धि हुई। दिन-प्रतिदिन स्थिति बदतर हो रही थी; सरकारी सहायता और राहत कार्य ऊँट के मुँह में जीरे के समान सिद्ध होने लगे। यह प्राकृतिक विनाश हजारों लोगों को लील गया था; अनेक लोगों को बेघर होने पर विवश कर चुका था।

बदलती परिस्थितियों ने अन्य लोगों के साथ-साथ विलियम को भी बुरी तरह से विचलित कर दिया। स्थिति की गंभीरता देखते हुए एमिली ने पति को परामर्श दिया, "यहाँ रहना उचित नहीं है। हमें यह स्थान छोड़कर अन्यत्र चले जाना चाहिए।"

"लेकिन अकाल के कारण पूरे आयरलैंड में अव्यवस्था फैली हुई है। ऐसे में जहाँ भी जाएँगे, हमें मुसीबतों का सामना करना पड़ेगा।" उन्होंने संशय जताया।

"मैं आपकी चिंता भली-भाँति समझती हूँ। इसलिए आयरलैंड छोड़कर हम इंग्लैंड चले जाएँगे।"

"इंग्लैंड!" विलियम चौंक उठे।

"इंग्लैंड में आपके और मेरे कुछ संबंधी हैं, जो हमारी हरसंभव सहायता के

लिए तैयार हैं। इससे वहाँ हम आसानी से व्यवस्थित हो सकते हैं। इसलिए हम वहीं जाएँगे।'' एमिली ने उत्साह में भरकर कहा।

सुझाव सराहनीय था; विलियम पत्नी की बुद्धिमत्ता की प्रशंसा कर उठे। फिर वर्ष 1847 में वे परिवारसहित इंग्लैंड आ गए।

अंडर राइटर

जिन दिनों वुड परिवार इंग्लैंड पहुँचा, उन दिनों एमिली गर्भवती थीं। रहने और खाने-पीने के साथ-साथ उनकी देखरेख की जिम्मेदारी भी विलियम के कंधों पर आ गई। जैसे-तैसे रहने योग्य घर मिल गया था, अब वे धनार्जन का कोई उपाय ढूँढ़ लेना चाहते थे। यद्यपि विलियम पेशे से डॉक्टर थे, लेकिन अनजान देश में शीघ्र नौकरी मिलना सरल नहीं था। इसी चिंता में अनेक दिन बीत गए।

एक दिन एक संबंधी ने उनसे पूछा, ''क्या तुम 'अंडर राइटर' का कार्य करना चाहोगे?''

''अंडर राइटर! इसमें क्या करना होगा?'' उन्होंने चौंककर पूछा।

''तुम्हें अधिक कुछ नहीं करना है। केवल सरकारी दस्तावेजों एवं पत्रों की प्रतिलिपियाँ तैयार करनी हैं। इससे कुछ हद तक आर्थिक समस्या का समाधान हो जाएगा। उसके बाद निश्चिंत होकर तुम अपने पेशे से संबंधित काम ढूँढ़ सकते हो।''

अँधेरे में भटकते विलियम को रोशनी की किरण दिखाई देने लगी और उसी समय उन्होंने सहमति दे दी।

अगले दिन से वे नौकरी पर जाने लगे। उससे प्राप्त होनेवाली धनराशि उनके परिवार के भरण-पोषण तथा आवश्यकताओं की पूर्ति के लिए पर्याप्त थी। उनकी गृहस्थी की गाड़ी धीरे-धीरे पुनः पटरी पर आ गई।

विचारों की असमानता

एमिली और विलियम एक-दूसरे से अगाध प्रेम करते थे; उनकी पारिवारिक तथा सामाजिक रुचियाँ व आवश्यकताएँ भी मिलती-जुलती थीं। किंतु धार्मिक स्तर पर उनकी विचारधाराओं में मतभेद था। एमिली कैथोलिक परिवार से संबंधित थीं, जिसके कारण ईसाई धर्म में उनकी अगाध श्रद्धा थी। चर्च की सभाओं तथा धार्मिक उत्सवों में वे नियमित रूप से सम्मिलित होती थीं। इसके विपरीत आधुनिक शिक्षा

के अनुगामी डॉ. विलियम ईसाई धर्म के विरोधी थे। लेकिन इसका अर्थ यह नहीं था कि वे पूर्णतया निरीश्वरवादी थे, अपितु ईश्वरीय अस्तित्व को वे हृदय से स्वीकारते थे। वस्तुतः उनका विरोध अनगढ़ धार्मिक सिद्धांतों, पादरियों के बढ़ते प्रभाव, चर्च की कठोर परंपराओं तथा मिशनरियों की अनुचित कार्यप्रणाली के लिए था। अंग्रेजी के अतिरिक्त आयरिश, स्पेनिश, पुर्तगाली, इटेलियन, फ्रेंच एवं जर्मन जैसी विदेशी भाषाओं का उन्हें ज्ञान था। उन्होंने अनगिनत पुस्तकों तथा ग्रंथों का अध्ययन किया था। दर्शन उनका प्रिय विषय था। वे दर्शनशास्त्रियों से प्रभावित थे। यही कारण है कि उनकी धार्मिक विचारधारा कट्टरवाद की अपेक्षा उदारवाद से प्रेरित थी।

लेकिन विचारों की असमानता भी एमिली और विलियम के बीच के प्रेम को कम न कर सकी। उन्होंने अपने मत को थोपने या उनके अनुपालन के लिए कभी एक-दूसरे पर दबाव नहीं बनाया। इसलिए उनका छोटा सा परिवार लोगों द्वारा सुखी परिवार के रूप में देखा जाता था।

विद्वान स्वीकारते हैं कि स्त्री द्वारा गर्भ धारण करते समय शिशु में माता-पिता के गुणों-अवगुणों का अंश स्थापित होता है। यही वह समय है जब उसमें संस्कारों एवं गुणों का बीजारोपण होता है। शिशु-जन्म के उपरांत बीजरूपी संस्कार विभिन्न रूपों में विकसित होते हैं। एनी के संदर्भ में भी ऐसा ही हुआ। आगे चलकर वे दोनों विचारधाराओं से प्रभावित रहीं। ईश्वरवाद व निरीश्वरवाद के संघर्ष में उलझा उनका जीवन सत्य की खोज के लिए उद्यत हुआ।

❑

2

क्रूर आघात

विलियम को नौकरी से इतना समय मिल जाता था कि वे अपने डॉक्टरी के व्यवसाय पर ध्यान दे सकते थे। उनकी मित्रता स्थानीय डॉक्टरों से हो गई, जिनके साथ वे अकसर निकटतम अस्पताल में जाने लगे। धीरे-धीरे रोगियों के उपचार के लिए प्रतिदिन अस्पताल जाना उनकी दिनचर्या में सम्मिलित हो गया। उनकी गिनती योग्य डॉक्टरों में होने लगी। आसपास के लोग उन्हें पहचानने लगे। अब वे ऑपरेशन थियेटर में भी डॉक्टरी कुशलता का उपयोग करने लगे।

एक दिन अस्पताल में तपेदिक से पीड़ित एक रोगी को लाया गया। विलियम ने उसके उपचार की जिम्मेदारी सँभाल ली। वे नियमित रूप से उसकी देखरेख करते थे। वह रोगी तपेदिक के अतिरिक्त एक भयंकर संक्रमित रोग से भी पीड़ित था। उसे ठीक करने के लिए ऑपरेशन करना जरूरी था। लेकिन संक्रमित रोग को देखते हुए कोई डॉक्टर इसके लिए तैयार नहीं था। तब विलियम ने इसका दायित्व स्वयं वहन करने का निश्चय कर लिया। अंततः उनके प्रयासों से ऑपरेशन सफल हुआ।

लेकिन इसके बाद से उनके जीवन पर ग्रहण लग गया। ऑपरेशन के दौरान रोगी की एक हड्डी चुभने से उनकी उँगली संक्रमित हो गई। फलस्वरूप दो दिन के अंदर ही छोटा सा घाव पूरी उँगली में फैल गया।

काम की अधिकता के कारण विलियम ने घाव पर ध्यान नहीं दिया, लेकिन एमिली घबरा उठीं, ''घाव निरंतर बढ़ता जा रहा है। इसे आप किसी अच्छे सर्जन को दिखाइए।''

''मेरे विचार में इसे किसी सर्जन को दिखाने की आवश्यकता नहीं है। दवाई लगाने से अपने-आप ठीक हो जाएगा।'' विलियम ने लापरवाही के साथ कहा।

लेकिन एमिली पीछा छोड़नेवाली नहीं थीं। वे जिद करते हुए बोलीं, ''मुझे कुछ नहीं सुनना; आप अपना घाव सर्जन को अवश्य दिखाइए।''

''ठीक है। कल ही मैं उँगली की जाँच करवा लूँगा।'' विलियम ने हार मानते

हुए कहा।

अगले दिन उन्होंने अस्पताल के एक सर्जन को अपना घाव दिखाया। अच्छी तरह से जाँच करने के बाद उसने गंभीर स्वर में कहा, "आप गैलपिंग कंजम्पशन से संक्रमित हो चुके हैं। इसलिए उँगली का घाव बढ़ रहा है।"

विलियम सकते में रह गए। तदनंतर उन्होंने धीमे स्वर में पूछा, "क्या इसका कोई उपचार नहीं है?"

"अंग-छेदन ही इसका एकमात्र उपचार है। इसलिए जितनी जल्दी हो सके, आपको उँगली कटवा लेनी चाहिए। अन्यथा यह हानिकारक हो सकती है।",सर्जन ने स्पष्ट शब्दों में उन्हें चेतावनी दी ।

विलियम ने मित्रों से इस बारे में बात की तो वे हँसते हुए बोले, "ऐसे घाव अकसर लगते रहते हैं। उपचार से यह ठीक हो जाएगा! इसके लिए उँगली कटवाने की आवश्यकता नहीं है।"

उनकी बातों में आकर विलियम ने चेतावनी अनसुनी कर दी और उँगली नहीं कटवाई। उन्होंने एमिली को भी यह कहकर संतुष्ट कर दिया कि सर्जन के अनुसार घाव जल्दी ठीक हो जाएगा।

इस तरह कुछ दिन शांतिपूर्वक व्यतीत हो गए। परंतु यह शांति उस तूफान का संकेत था, जो वुड परिवार की धारा को पूरी तरह से मोड़ देने वाला था।

मौत की आहट

सन् 1852 का अगस्त माह; मानसून ने इंग्लैंड को घेरा हुआ था। बारिश की बूँदें रिमझिम-रिमझिम करती हुई सड़कों को भिगो रही थीं। ऐसी ही एक सड़क पर विलियम तेज कदमों से चल रहे थे। सुबह से ही उनका मन बारिश में भीगने को कर रहा था। इसलिए वे पैदल घर की ओर चल दिए। बर्फ सरीखी ठंडी-ठंडी बूँदें उनके तन-मन को भिगो रही थीं। बीच-बीच में वे ऐसे उछलने लगते, मानो कोई बच्चा अठखेलियाँ कर रहा हो।

घर पहुँचते ही एमिली की डाँट ने उनका स्वागत किया, "यह क्या बच्चों की तरह बारिश में भीग रहे हो? चलो जल्दी से कपड़े बदलो। मैं गरम-गरम कॉफी लाती हूँ।"

रात होने तक विलियम को हलका जुकाम हो चुका था, जो अगले दिन तक

भयंकर निमोनिया बन गया। उन्हें साँस लेने में तकलीफ होने लगी। शीघ्र एक प्रसिद्ध डॉक्टर को बुलाया गया। जाँच-पड़ताल के बाद वह डॉक्टर एमिली को लेकर कमरे से बाहर आ गया, "इनकी तबीयत कब से खराब है?"

"भीगने के बाद से इन्हें साँस लेने में तकलीफ हो रही है। परंतु सब ठीक तो है न?" एमिली ने डरते-डरते पूछा।

डॉक्टर ने गंभीर स्वर में उत्तर दिया, "इन्हें गैलपिंग कंजप्शन हैं।"

"गैलपिंग कंजप्शन! यह क्या होता है?" एमिली ने विचलित होकर पूछा।

"एक संक्रमित रोग। समय रहते इसका इलाज आवश्यक होता है, अन्यथा यह बीमारी जानलेवा हो जाती है।" डॉक्टर ने प्रश्न का उत्तर दिया।

एमिली व्याकुल होकर बोलीं, "आप जल्दी से इनका इलाज आरंभ करें।"

"मैडम! अब इनका इलाज संभव नहीं है। इनकी बीमारी इलाज के दायरे से आगे बढ़ चुकी है। आप इन्हें बिलकुल भी अकेला न छोड़ें; हमेशा इनके साथ रहें। अधिक-से-अधिक ये छह सप्ताह तक जीवित रहेंगे।"

एमिली पर वज्राघात हुआ। ऐसा लगा मानो किसी ने उनके वक्ष पर पत्थर से प्रहार किया हो। वे अचेत-सी हो गईं; आँखों में आँसुओं का सैलाब उमड़ आया।

चेतना लौटने पर वे पति-सेवा में जुट गईं। दिन-रात एक करके वे उन्हें मौत से बचा लेना चाहती थीं। उन्होंने अनेक डॉक्टरों को दिखाया, लेकिन सभी ने अपनी असमर्थता प्रकट की।

काल की दृष्टि विलियम पर पड़ चुकी थी। चूँकि रोग संक्रमित था, इसलिए एमिली ने हैनरी और एनी को उनके मामा के घर भेज दिया था। इसके बाद वे स्वयं अधिक-से-अधिक समय तक पति के साथ रहने लगीं।

'गुड बाय पापा!'

छह सप्ताह दुःख, चिंता, निराशा और आँसुओं के साथ बीते। विलियम का स्वास्थ्य अधिक खराब हो गया था। एक दिन उन्होंने कहा, "मेरी मृत्यु का समय निकट आ चुका है। लेकिन मरने से पूर्व मैं अपने बच्चों को देखना चाहता हूँ।"

एमिली को पति की मृत्यु का आभास था। उनकी अंतिम इच्छा जानकर उन्होंने आनन-फानन में हैनरी और एनी को बुलवा लिया। पिता की हालत देखकर एनी को डर लग रहा था। एमिली ने उसे गोद में उठाया और भरे स्वर में बोली,

''एनी! पापा जा रहे हैं। उन्हें गुड बाय कहो।''

''कहाँ जा रहे हैं, पापा?'' पाँच वर्षीय एनी ने मासूमियत के साथ पूछा।

एमिली ने आँखों में उमड़ आए आँसुओं को जैसे-तैसे रोका और उसके गाल थपथपाते हुए बोली, ''पापा ईश्वर के घर जा रहे हैं।''

''लेकिन आप कब तक आएँगे?'' इस बार एनी ने पिता से प्रश्न किया।

''मैं जल्दी लौट आऊँगा, मेरी बच्ची। तब तक मम्मी की अच्छी बेटी बनकर रहना और हमेशा उनकी बात मानना। गुड बाय एनी!'' विलियम ने काँपते स्वर में झूठा दिलासा दिया।

''गुड बाय पापा!''

एमिली के लिए पिता-पुत्री के इस भावुक दृश्य को देखना कष्टदायक होने लगा तो वे एनी को लेकर कमरे से बाहर आ गईं।

इस अंतिम मिलन के अगले दिन 5 अक्तूबर, 1852 को विलियम ने सदा के लिए आँखें मूँद लीं।

एमिली बुरी तरह से टूट गईं । उन्होंने स्वयं को एक कमरे में बंद कर लिया और रात भर रोती रहीं। उनकी बिगड़ती मानसिक स्थिति देखकर मित्रों व संबंधियों ने उनकी अनुपस्थिति में ही विलियम का अंतिम संस्कार कर दिया।

इस घटना का उल्लेख करते हुए एनी बेसेंट ने लिखा है, ''मुझे वह डर याद है जो पापा की आँखों में था। उनकी आवाज भी बहुत अजीब हो गई थी। उन्होंने मेरी गुड़िया को प्यार किया। उसके बाद मुझे और हैनरी को पुन: मामा के घर भेज दिया गया। उनकी मृत्यु ने मेरी माँ को मानसिक आघात पहुँचाया था। विचारों में मतभेद होने पर भी वे उनसे अगाध प्रेम करती थीं। जीवन के अनेक बहुमूल्य क्षण उन्होंने साथ बिताए थे; सुनहरे भविष्य की कल्पनाएँ की थीं; स्वप्न सँजोए थे। उन्हें सबसे अधिक शांति तब मिलती थी, जब वे अपनी पत्नी को तेज स्वर में कविताएँ पढ़कर सुनाया करते थे। लेकिन इस असामयिक आघात ने सब तहस-नहस कर दिया। मेरे माता-पिता के बीच भावनाओं का अद्‌भुत रिश्ता था। उनके चले जाने के बाद मेरी माँ नितांत अकेली रह गई थीं।''

एल्फ्रेड की मृत्यु

पति की मृत्यु के बाद एमिली की मानसिक शक्तियाँ एकदम से प्रभावशाली

हो उठीं। भविष्य में घटित होनेवाली घटनाओं का उन्हें पहले ही आभास हो जाता था। इस बारे में एनी ने लिखा है, ''सर्वप्रथम इसे मानसिक विकार समझा गया। परंतु बाद में हम यह स्वीकारने के लिए विवश हो गए कि उनका चेतन मन कुछ क्षणों के लिए भविष्य को देखने में सक्षम हो जाता था। इसका प्रत्यक्ष प्रमाण हमें उस समय मिला, जब वे किसी की सहायता लिए बिना ही पति की कब्र तक पहुँच गई थीं। उन दिनों कब्रों पर कोई निशान नहीं लगाया जाता था। संस्कार में सम्मिलित रिश्तेदार भी उसे ढूँढ़ने में असमर्थ थे। लेकिन मेरी माँ ने अपनी मानसिक शक्ति द्वारा यह असंभव कार्य भी कर डाला।''

एमिली का छोटा पुत्र एल्फ्रेड पिता से बहुत स्नेह करता था। वह निरंतर उन्हें याद करता रहता था। इसके फलस्वरूप धीरे-धीरे उसका स्वास्थ्य खराब होने लगा। एमिली को भविष्य में घटनेवाली अनहोनी का आभास हो चुका था। वे दिन-रात एल्फ्रेड को गोद में लिए रहती थीं। उनके इस व्यवहार को लोग पागलपन की संज्ञा देने लगे। लेकिन जल्दी ही उन्हें एमिली की चिंता का कारण समझ में आ गया।

सन् 1853 के मार्च महीने में बीमार एल्फ्रेड पिता के पास चला गया। उस समय तक एनी बहुत-कुछ जानने-समझने योग्य हो चुकी थी। उसकी मृत्यु ने जीवन के कठोर सत्य से एनी का प्रथम परिचय करवाया था।

❑

3

जीवन-संघर्ष

डॉ. विलियम के रूप में वुड परिवार ने पति, पिता व संरक्षक के साथ-साथ धनार्जन का एकमात्र साधन भी खो दिया। यद्यपि उनकी आमदनी अच्छी-खासी थी। इसलिए विवाह के बाद एमिली को आर्थिक तंगी या विपन्नता का कभी सामना नहीं करना पड़ा। परिवार की जरूरतें सहज पूरी हो जाती थीं। विलियम भविष्य को लेकर निश्‍चिंत थे। मृत्यु के समय भी उन्हें विश्‍वास था कि वे अपनी पत्नी और बच्चों को आर्थिक रूप से सुरक्षित छोड़कर जा रहे हैं। लेकिन ऐसा नहीं हुआ। उनके जाने के बाद परिवार के पास छोटी-छोटी वस्तुएँ खरीदने के लिए भी पैसे नहीं बचे थे। इस आर्थिक विपन्नता के साथ ही एमिली वुड की चिंता और संघर्ष आरंभ हुए।

इस कठिन समय में वुड परिवार के निकटतम संबंधी सहायता के लिए आगे आए। वे हैनरी को सिटी स्कूल में दाखिल कराने तथा पढ़ाई का सारा खर्च उठाने के लिए तैयार थे। लेकिन विलियम ने पुत्र के उज्ज्वल भविष्य की योजना मृत्यु से बहुत पहले बना ली थी। उनकी इच्छा थी कि वह पब्लिक स्कूल में पढ़ाई करें। फिर कैंब्रिज या ऑक्सफोर्ड यूनिवर्सिटी में दाखिला लेकर शिक्षा पूर्ण करे। वे उसे बैरिस्टर या किसी और बड़े अफसर के रूप में देखना चाहते थे। मरते समय उन्होंने कहा था कि 'हैनरी को अच्छी शिक्षा अवश्य दिलवाना।'

एमिली ने उनकी इच्छा पूरी करने की ठान ली।

पब्लिक स्कूल की अपेक्षा सिटी स्कूल का खर्च कम था। परंतु उसकी पढ़ाई उच्च स्तर की नहीं थी। वहाँ पढ़नेवाले बच्चों का किसी अच्छे विश्‍वविद्यालय में प्रवेश लेना लगभग असंभव था। इसलिए एमिली ने हैनरी को सिटी स्कूल में पढ़ाने से मना कर दिया।

रिश्तेदारों ने उन्हें समझाने का प्रयास किया, परंतु वे निश्‍चय पर अडिग रहीं। इससे वे भड़क उठे और ताना मारते हुए बोले, ''पब्लिक स्कूल में पढ़ाने का स्वप्न देखना आसान है, लेकिन रुपयों के बिना उसे पूरा करना असंभव है। हम भी देखते

हैं कि हमारी सहायता के बिना तुम इन्हें कैसे पढ़ा पाओगी? अच्छा यही है कि व्यर्थ का गर्व छोड़ दो।''

यह सीधे एमिली के स्वाभिमान पर चोट थी। वे गरज उठीं, ''मुझे किसी की कोई सहायता नहीं चाहिए। मैं अपने बच्चों का भविष्य स्वयं बनाऊँगी।''

इसके बाद से वुड परिवार और एमिली के संबंधों में खटास आ गई, जिसके फलस्वरूप उन्होंने अन्यत्र जाने का निश्चय कर लिया।

अँधेरे में किरण

अंततः काफी सोच-विचार के बाद दोनों बच्चों को लेकर एमिली रिचमंड टैरेस क्लैपहम नामक स्थान पर आ गईं। वहाँ उनके माता-पिता रहते थे। एक दुकान की ऊपरी मंजिल किराए पर लेकर रहने की व्यवस्था की गई। निकट ही हैरो नामक एक पब्लिक स्कूल था। उसमें शहरी बच्चों से बहुत कम फीस ली जाती थी। गरीबी से जूझती एमिली ने हैनरी का दाखिला उस स्कूल में करवा दिया।

घर का मालिक सभ्य, परिश्रमी, दयालु और सहृदय व्यक्ति था। कभी-कभी वह एमिली वुड की आर्थिक सहायता भी करता था। उन्हें उत्साहित करते हुए वह अकसर कहता था, ''यदि मेहनत करोगी तो एक दिन तुम्हारे पास अपना घर होगा। मैं बहुत गरीब था; मेरे पास फूटी कौड़ी तक नहीं थी। लेकिन कठोर परिश्रम के कारण आज मेरे पास सबकुछ है। मैं एक संतुष्ट व्यक्ति हूँ।''

ऐसी बातों से एमिली को बहुत सहारा और प्रोत्साहन मिलता था। वे हैनरी और एनी की ओर देखते हुए सोचा करती थीं, 'दुनिया में मेरे जैसे असंख्य लोग हैं, जो संघर्ष कर रहे हैं। मुझे भी पुनः शक्ति एकत्रित कर अपने बच्चों के लिए जीना है; समाज में संघर्ष करना है।' परंतु अनेक प्रयत्न के बाद भी उन्हें इस स्थिति से उबरने का कोई मार्ग दिखाई नहीं दे रहा था।

एक दिन मकान मालिक ने उनसे पूछा, ''क्या तुम एक लड़के को अपने घर में रख सकती हो? उसके माता-पिता रुपया कमाने के लिए दूसरी जगह जा रहे हैं। लेकिन वे अपने बेटे को यहीं पढ़ाना चाहते हैं। तुम्हें संरक्षिका बनकर उस लड़के की देखरेख करनी है। इसके बदले में तुम्हें पर्याप्त धन मिलेगा।''

आर्थिक समस्याओं से घिरी एमिली को अँधेरे में उम्मीद की किरण दिखाई दी। उन्होंने सहमति दे दी। फिर लड़के के माता-पिता उसी दिन उसे एमिली के पास छोड़ गए। वह लगभग हैनरी की उम्र का था।

इस तरह हैनरी को स्कूल में पढ़ाने और घर चलाने के लिए थोड़े-बहुत धन की व्यवस्था हो गई।

छात्रावास

सन् 1855 तक एमिली ने धन जोड़कर एक नया मकान ले लिया था। लेकिन आर्थिक समस्याएँ ज्यों की त्यों बनी हुई थीं। आमदनी बढ़ाने के लिए उन्होंने घर में छात्रावास खोलने का मन बना लिया। हैरो स्कूल में कई ऐसे छात्र थे, जो दूरस्थ क्षेत्रों से वहाँ पढ़ने आते थे। रहने-खाने की व्यवस्था न होने के कारण वे इधर-उधर रहते हुए जैसे-तैसे अध्ययन करते थे। एमिली ने डॉ. वॉगहन से भेंट करके उनके समक्ष विद्यार्थियों के लिए छात्रावास उपलब्ध करवाने का प्रस्ताव रखा।

वॉगहन हैरो स्कूल के प्रधानाचार्य थे। विद्यार्थियों की समस्याओं से परिचित होने के कारण वे भी छात्रावास खोलने के पक्ष में थे। उन्होंने एमिली को प्रोत्साहित करते हुए कहा, "आपका सुझाव सराहनीय है। इससे स्कूल में आनेवाले विद्यार्थियों के लिए विकल्प खुल जाएँगे। रहने और खाने की चिंता से मुक्त होकर वे अपना पूरा ध्यान पढ़ाई पर लगाएँगे। लेकिन स्कूल के नियमों के अनुसार आपको छात्रावास में एक अध्यापक रखना होगा, जो उनकी अतिरिक्त देखभाल करेगा।"

"मैं इसके लिए सहमत हूँ।" एमिली ने सिर हिलाते हुए खुशी जताई।

"यदि आप तैयार हैं तो मुझे भी कोई आपत्ति नहीं है। आप कल से छात्रावास आरंभ कर सकती हैं। स्कूल प्रशासन इसमें आपकी पूरी सहायता करेगा।" वॉगहन ने मानो मनचाहा वरदान दे दिया था।

दूसरे दिन से एमिली का घर छात्रों से भरने लगा। उनके खाने-पीने और अन्य दैनिक कार्यों की जिम्मेदारी एमिली ने स्वयं सँभाल ली। दो दिन के अंदर-अंदर एक अध्यापक भी वहाँ गया। इस प्रकार छात्रावास चल निकला। यह व्यवस्था हैनरी के यूनिवर्सिटी में जाने तक यथावत बनी रही।

जीवन-संघर्ष में एमिली अपने परिश्रम और लगन के बल पर निरंतर विजय प्राप्त कर रही थीं। उनका संघर्ष नन्ही एनी ने प्रत्यक्ष देखा था। प्रत्येक उतार-चढ़ाव में वह माँ के साथ थी, इसलिए विपरीत परिस्थितियों को समझने और उन्हें सुधारने की उसमें विशेष शक्ति उत्पन्न हो रही थी। यह वह शक्ति थी, जिसने भविष्य में उन्हें दृढ़ता के साथ-साथ सबलता प्रदान की।

4

शिक्षा-दीक्षा

एमिली की नम्रता, सहनशीलता व सहयोगपूर्ण व्यवहार के कारण आस-पास के लोग उनका भरपूर आदर-सम्मान करते थे। उनमें मारिया नामक एक महिला भी सम्मिलित थी, जो आगे चलकर एमिली की प्रगाढ़ मित्र बन गई। अवकाश के दिन परिवारसहित वे एक-दूसरे के घर आते-जाते थे। ऐसे ही एक रविवार को एमिली एनी को लेकर मारिया के घर गईं। उन दिनों मारिया की एक रिश्तेदार एलन मैरियट उसके घर ठहरी हुई थी। तीनों महिलाएँ परस्पर बातचीत करने लगीं, जबकि एनी मारिया की बेटी के साथ आँगन में खेलने लगी।

फूलों के बीच बैठी आठ वर्षीय एनी खेलने में व्यस्त थी। उसका उज्ज्वल रंग-रूप खिले फूल की तरह चमक रहा था। घुँघराले बालों की लटें उड़-उड़कर चेहरे को ढक रही थीं। एलन मैरियट उसकी इस निर्मल चंचलता को बड़ी उत्सुकता से देख रही थी। बीच-बीच में कभी होंठों पर मुसकराहट दिखने लगती तो कभी हँसी आ जाती।

सहसा वह एनी के पास गई और उसे गोद में उठाते हुए बोली, ''तुम्हारा नाम क्या है बेटी?''

''एनी वुड।'' उसने मैरियट की ओर देखते हुए जवाब दिया।

''कौन सी कक्षा में पढ़ती हो?'' मैरियट ने अगला प्रश्न पूछा।

''अभी मैं छोटी कक्षा में हूँ। लेकिन माँ कहती हैं कि इस साल मैं बड़े बच्चों के स्कूल में जाऊँगी।'' एनी ने उत्साहित होकर उत्तर दिया।

''तुम मेरे पास रहकर पढ़ोगी?''

कुछ देर तक सोचने के बाद एनी ने सहमति में सिर हिला दिया।

एनी वुड के भोले, मासूम और बाल-सुलभ चेहरे ने मैरियट को मोह लिया था। उसकी आँखों में उत्साह की चमक थी। 'यह कोई साधारण बच्ची नहीं है। इसमें भविष्य की उज्ज्वलता, दृढ़ता और विश्वास का समावेश है।' एलन मैरियट का मन बार-बार कहने लगा। स्नेहवश उसने एनी के गालों को चूम लिया।

कठोर निर्णय

दूसरे दिन एमिली से मिलने मारिया उसके घर पहुँची।

"मुझे एक जरूरी बात करनी है।" उसने अटकते हुए कहा।

मारिया के अचानक आने से एमिली विस्मित थीं। उन्होंने आश्चर्य भरे स्वर में पूछा, "कौन सी जरूरी बात है? सब ठीक तो है न?"

"कल तुम मेरे घर एलन मैरियट से मिली थीं। वे एक कुशल शिक्षिका हैं...।" मारिया पुनः अटकी।

"हाँ, तुमने बताया था। लेकिन मैं तुम्हारा अभिप्राय नहीं समझी? साफ-साफ बताओ, बात क्या है?" एमिली ने उलझन भरे स्वर में कहा।

"मिस मैरियट एनी की शिक्षा का दायित्व उठाना चाहती हैं। क्या तुम एनी को उनके पास पढ़ने के लिए भेज सकती हो? वे उसे अपने साथ रखकर अच्छी शिक्षा दिलवाएँगी।" मारिया ने बात पूरी की।

"ऐसा कैसे हो सकता है!" एमिली विचलित होते हुए बोलीं, "'आज तक मैंने उसे अपने से कभी दूर नहीं किया और न ही वह कभी मुझसे अलग हुई है। तुम जो कहना चाहती हो, वह संभव नहीं है। मैं एनी को कहीं नहीं भेजूँगी।"

"समझने की कोशिश करो, एमिली। तुमने घर को छात्रावास बना दिया है, जिसके कारण यहाँ कई लड़के रहते हैं। आमदनी का एकमात्र साधन होने के कारण तुम इसे बंद भी नहीं कर सकती। ऐसी स्थिति में तुम उसे कब तक घर में रख सकती हो? कभी-न-कभी तो एनी को किसी स्कूल में भेजना ही होगा। फिर भी तुम्हारी चिंता यथावत बनी रहेगी। मैरियट को मैं बहुत अच्छी तरह से जानती हूँ। मेरे विचार से एनी को उनके साथ भेजना तुम्हारे लिए लाभप्रद रहेगा। इससे उसकी उचित देखरेख और शिक्षा की व्यवस्था हो जाएगी।" मारिया ने समझाते हुए कहा।

"लेकिन अपनी फूल-सी बच्ची से दूर रहना मेरे लिए असहनीय होगा। उसे देखे बिना मुझे चैन नहीं मिलता।"

"चिंता मत करो, वह छुट्टियों में तुमसे मिलने आया करेगी। देखो एमिली, मोह के चलते उसका जीवन नष्ट मत होने दो। उसे सुनहरे भविष्य की ओर बढ़ने दो। देखना एक दिन यही एनी पढ़-लिखकर तुम्हारा गौरव बनेगी।"

मारिया के बहुत समझाने के बाद अंततः एमिली सहमत हो गई। कुछ दिनों बाद एनी एलन मैरियट के साथ चली गई।

'आंटी' मैरियट

अविवाहित एलन मैरियट अपने भाई कैप्टन फ्रैड्रिक के साथ रहती थीं। परंतु उसकी मृत्यु के बाद वे उसकी पुत्रियों को साथ लेकर विम्बलडन कॉमन चली आईं। जीविका के लिए वे बच्चों को पढ़ाने लगीं। धीरे-धीरे उनकी पहचान कुशल व श्रेष्ठ शिक्षिका के रूप में होने लगी। इसके फलस्वरूप आस-पास के लोग अपने बच्चों को पढ़ने के लिए उनके पास भेजने लगे। उनमें लड़के और लड़कियाँ दोनों थे। यह संख्या इतनी बढ़ गई थी कि उनकी सभी आर्थिक परेशानियों का अंत हो गया।

एनी को अपने साथ लाने का उनका उद्‌देश्य उसे समुचित शिक्षा और आगे बढ़ने के अवसर प्रदान करना था। इसके अतिरिक्त वे अपनी भतीजी एमी के लिए उसे अच्छा साथी मानती थीं। इस तरह एनी की संरक्षिका बनने से उनके एक पंथ दो काज पूर्ण हो रहे थे।

एनी बेसेंट प्रारंभ से ही एलन मैरियट से अत्यंत प्रभावित रहीं। उनके संबंध में उन्होंने लिखा है, "वे छात्र-छात्राओं से भरपूर स्नेह करती थीं। भेदभाव करना उन्हें नहीं आता था; उनके लिए सभी एक समान थे। यही कारण है कि उनके सान्निध्य में अपनत्व का अहसास होता था। उनके होते हुए घर-परिवार की याद शायद ही हमें आई हो। 'मैडम' अथवा 'मिस' कहने की बजाए हम उन्हें 'आंटी' कहकर संबोधित करते थे। उन्होंने भी हमें 'मैडम' या 'मिस' कहने के लिए विवश नहीं किया। आंटी शब्द से उन्हें आत्म-संतोष होता था।"

पुस्तकों से लगाव

एलन मैरियट की शिक्षा प्रणाली के बारे में एनी ने लिखा है, "उनके पढ़ाने का ढंग बहुत सरल था। दूसरे शिक्षकों की भाँति विषयों को रटने या बार-बार पुस्तकें पढ़ने पर वे कभी जोर नहीं देती थीं। छात्र-छात्राएँ जैसा देखते थे, उसे वैसा कागज पर उतार लेते थे। बाद में आंटी मैरियट उनकी व्याकरण-संबंधी अशुद्धियाँ ठीक कराती थीं। भाषा के मूल ज्ञान के लिए उन्होंने हमें केवल लैटिन भाषा का व्याकरण पढ़ाया था। भूगोल, इतिहास, विज्ञान आदि विषयों को पढ़ाने के लिए भी वे यही शैली अपनाती थीं।"

पढ़ाई में रुझान होने के कारण एनी ने आठ वर्ष की छोटी आयु में ही अनेक पुस्तकें पढ़ डाली थीं। उसके अध्ययन का प्रमुख विषय था—'ईसाई धर्म'। उससे

संबंधित साहित्य, धर्मग्रंथ तथा कथा-कहानियाँ एनी को रुचिपूर्ण लगती थीं। कठिन-से-कठिन अध्याय वह सरलता से पढ़ डालती थी। उसकी इस तीव्र स्मरण शक्ति का लोहा आंटी मैरियट भी मानती थीं। उन्होंने इस बारे में एक बार कहा था, "बचपन से ही एनी पढ़ने-लिखने में तेज थी। बड़ी-बड़ी कहानियाँ और कठिन लेख उसे सहज याद हो जाते थे। उसे देखकर लगता था मानो वह संसार का समस्त ज्ञान अर्जित कर लेना चाहती है। उसके ज्ञान और बौद्धिकता का प्रभाव छोटी उम्र से ही परिलक्षित होने लगा था।"

प्रत्येक रविवार को मैरियट बच्चों को चर्च लेकर जाती थीं। उस दिन वे सिर्फ बाइबल पढ़ते थे। प्रार्थना सभा के बाद रविवार का शेष दिन घुड़सवारी, घूमने-फिरने तथा किस्से-कहानियाँ सुनने में व्यतीत होता था। इसके अतिरिक्त बच्चों को संगीत की भी शिक्षा दी जाती थी।

धर्म की दीक्षा

मैरियट ने छात्र-छात्राओं सहित यूरोप भ्रमण पर जाने का निश्चय किया था। इसके लिए यूरोपीय सभ्यता और संस्कृति का प्रमुख केंद्र पेरिस उनकी पहली पसंद था। रुपयों की व्यवस्था करके सन् 1861 के अंत तक वे पेरिस पहुँच गए।

फ्रांस का राजनगर पेरिस अपनी स्थापत्य कला, आर्ट गैलरियों तथा भव्य चर्चों के लिए प्रसिद्ध था। इंग्लैंड की अपेक्षा यहाँ का सांस्कृतिक तथा धार्मिक वातावरण पूर्णतया भिन्न था। इस नए परिवेश में चौदह वर्षीय एनी की विचारधारा तुलनात्मक रूप से अधिक परिवर्तनशील हुई। पेरिस में स्थापित चर्च ने उन्हें अधिक प्रभावित किया। उसके बारे में एनी ने लिखा है, "रोमन कैथोलिक चर्च की तुलना में ये चर्च अधिक कट्टर, जीवंत और प्रभावपूर्ण थे। यही इनकी सबसे बड़ी विशेषता थी।"

सन् 1862 के अप्रैल माह में पेरिस में एक धार्मिक समारोह आयोजित हुआ। उस समारोह में लोगों को ईसाई धर्म के लिए दीक्षित करने की व्यवस्था की गई थी। चूँकि ईसाई धर्म से प्रभावित थी, इसलिए अवसर का लाभ उठाते हुए उसने भी दीक्षा के लिए आवेदन कर दिया।

प्रार्थना पत्र स्वीकार कर लिया गया और एनी ईसाई धर्म में दीक्षित हो गई। उसने प्रतिज्ञा ली कि समस्त सांसारिक सुखों, इच्छाओं और आकांक्षाओं का सर्वथा

त्याग करते हुए वह अपना जीवन धर्म के प्रचार में लगा देगी। सभी ने इस अल्पायु किशोरी के साहस और उत्साह की सराहना की।

घर-वापसी

घर से दूर हुए एनी को लगभग आठ वर्ष हो चुके थे। इस दौरान एलन मैरियट के साथ रहते हुए उसने न केवल अपना ज्ञान-कोश बढ़ाया बल्कि कट्टर धार्मिक विचारों, रीति-रिवाजों तथा सिद्धांतों को भी अच्छी तरह से ओढ़ लिया। स्पष्ट कहा जाए तो वह पूरी तरह से धर्मांधता के रंग में रँग चुकी थी।

एनी की शिक्षा-दीक्षा पूर्ण हो चुकी थी; अब उसके घर लौटने का समय आ गया था। एलन मैरियट अपनी प्रिय शिष्या को स्वयं से अलग नहीं करना चाहती थीं, लेकिन उसे रोकना भी उचित नहीं था। भारी मन से उन्होंने उसे घर जाने की अनुमति दे दी।

अंततः सबसे विदा लेकर सन् 1863 में एनी वुड अपने घर लौट आई।

❑

5

सन-शाइन

दीक्षा लेने के बाद एनी का जीवन पूर्णतया परिवर्तित हो गया। संगीत-शिक्षा, पुस्तकों का अध्ययन, घुड़सवारी आदि उसकी दिनचर्या के हिस्से थे। परंतु चर्च के प्रति बढ़ते आकर्षण के कारण ईसाई मिशनरियों के जीवन-वृत्तों का गहन अध्ययन, आत्मिक चिंतन, नियमानुसार व्रत उसके दैनिक जीवन के महत्त्वपूर्ण अंग बन चुके थे। मनोरंजन के लिए थियेटर जाना या नृत्य करना वह बहुत पहले ही छोड़ चुकी थी। अब उसके जीवन का उद्देश्य ईसाई धर्म के प्रति आस्था रखते हुए धार्मिक नियमों का अनुपालन तथा सच्चे मिशनरी की भाँति लोगों में उसका प्रचार करना था। एक कट्टर ईसाई की तरह उसकी इच्छा, आकांक्षाएँ तथा जीवन-उद्देश्य ईसा मसीह पर केंद्रित हो गए थे। अपने प्रभावशाली व्यक्तित्व के कारण धीरे-धीरे वह लोगों में 'सन-शाइन' (सूर्य का प्रकाश) के नाम से प्रसिद्ध होने लगी।

फ्रैंक से भेंट

"जब धरती पर अन्याय, असत्य और हिंसा का बोलबाला था; जब शोषक व शोषित के बीच में बँटा समाज अत्याचार झेल रहा था; जब असंख्य कमजोर लोगों का समुदाय एक छोटे से शक्तिशाली वर्ग का गुलाम था, तब परमपिता परमेश्वर ने अपनी बहुमूल्य निधि 'ईसा मसीह' के रूप में हमारे पास भेजी। ईश्वर के पुत्र यीशू हमारे कल्याण और उद्धार के लिए आए थे। उन्होंने कष्ट सहे; अत्याचारों का सामना किया; अपना जीवन समर्पित कर दिया, लेकिन अपने आश्रितों का कभी साथ नहीं छोड़ा। उनके दयालु स्वरूप को जिन्होंने जान लिया, वे उनके निष्ठावान अनुयायी हो गए। इसके विपरीत वे लोग—जो ईसा मसीह को ईश्वरीय पुत्र मानने से इनकार करते रहे—अज्ञान और मूर्खता के अंधकार में भटक रहे हैं। ऐसे अज्ञानी और मूर्ख लोग आज भी हमारे आसपास हैं।"

इतना कहकर कुछ क्षण के लिए वक्ता मौन हो गया और नजरें घुमाते हुए सामने बैठे लोगों पर अपनी बातों का प्रभाव देखने लगा। वक्ता के शब्दों में जादू-सा था; सभा में उपस्थित लोग एकाग्रचित्त होकर उसकी ओर देख रहे थे; उनके चेहरों की भाव-भंगिमाओं से स्पष्ट था कि वे उसे आगे सुनने के लिए आतुर थे।

सकारात्मक प्रभाव देखकर उसने पुनः भाषण आरंभ किया, "ईसा मसीह के नाम से ईसाई धर्म की नींव रखी गई थी। इसके पीछे उनका उद्देश्य लोगों को अधर्म, अपमान, तिरस्कार और अनैतिकता के दलदल से निकालकर ईश्वर के समीप लाना था। मनुष्यों को मानवता का पाठ पढ़ाकर वे उन्हें सच्चे इनसान बनाना चाहते थे। उनके जाने के बाद यह ईश्वरीय कार्य पादरियों ने सँभाल लिया। आज चर्च के माध्यम से वे उन्हीं की शिक्षाओं का प्रचार कर रहे हैं। मिशनरी उनके वे हाथ हैं, जो समाज के कोने-कोने में पहुँचकर लोगों को ईश्वर की ओर उन्मुख करते हैं। इसलिए हमें भी ईश्वरीय शक्ति का अग्रदूत बनकर ईसाई धर्म के प्रचार-प्रसार में अपना योगदान देना चाहिए। हमारा सबसे बड़ा योगदान इस बात में निहित है कि हम संदेहरहित होकर ईसाई धर्म में विश्वास करें।"

सन् 1865 के अंतिम महीने में मिशनरियों की सहायता के लिए क्लैपहम में एक छोटा सा चर्च खोला गया था। उसका कार्यभार सँभालने के लिए अगले वर्ष 'फ्रैंक बेसेंट' नामक युवक को नियुक्त किया गया। फ्रैंक ने कैंब्रिज विश्वविद्यालय में पढ़ाई की थी। ईसाई धर्म से ओत-प्रोत होने के कारण धार्मिक सभाओं तथा कार्यों की ओर उसका अधिक रुझान था। प्रत्येक रविवार को चर्च में प्रार्थना सभा होती थी। ऐसी ही एक सभा में वह उपर्युक्त व्याख्यान दे रहा था। भाषण आरंभ करते ही उसने लोगों के मन-मस्तिष्क पर अपनी अमिट छाप छोड़ दी थी।

अग्रिम पंक्ति में बैठी एनी वक्तव्य को बड़े ध्यान से सुन रही थी। फ्रैंक द्वारा कहे गए शब्द उसके हृदय में उतर गए थे। 'ईश्वरीय शक्ति और उसकी शिक्षाओं का कितना सुंदर वर्णन किया है!' यह सोच-सोचकर वह एकटक उस ओर निहार रही थी। फ्रैंक उसे किसी दार्शनिक से कम प्रतीत नहीं हो रहा था।

सभा के बाद फ्रैंक का अन्य सक्रिय सदस्यों से परिचय करवाया गया, उसमें एनी भी सम्मिलित थी। औपचारिक अभिवादन के बाद सहसा एनी ने प्रश्न किया, "एक मिशनरी का क्या कर्तव्य होना चाहिए?"

"निष्ठापूर्वक धर्म की सेवा और लोगों में उसका प्रचार।" फ्रैंक ने शीघ्रता से उत्तर दिया।

"आपके अनुसार धर्म के प्रचार के लिए कौन-कौन से माध्यम अपनाए जाने

चाहिए?'' एनी ने दूसरा प्रश्न किया।

''आप वे सभी माध्यम अपना सकते हैं, जिनसे धर्म को प्रभावशाली ढंग से प्रचारित किया जा सके।''

''परंतु इसके लिए लोभ देने या भयभीत करने वाले साधनों को कैसे उचित माना जा सकता है? मेरे विचार में धर्म का प्रसार ज्ञान, तर्क और चिंतन के आधार पर होना चाहिए। धर्म के प्रत्येक पहलू का अच्छी तरह से मनन करने के बाद ही इसे स्वीकारना अथवा प्रचारित करना उचित है।'' एनी ने अपना पक्ष रखा।

फ्रैंक प्रभावित होते हुए बोला, ''आप ठीक कह रही हैं। मैं भी उन्हीं साधनों को उचित कह रहा था, जो ज्ञान और तर्क पर आधारित हों। आपकी विचारशीलता, मनन-शक्ति और ज्ञानरूपी गहनता अद्‌भुत है। इस विषय पर मैं आपके सहयोग की सदैव अपेक्षा करूँगा। उम्मीद है कि हम मिल-जुलकर इस कार्य को आगे बढ़ाएँगे।''

एनी ने मुसकराते हुए अपनी सहमति दी।

प्रथम भेंट में ही नीली आँखों वाली एनी की कुशाग्र बुद्धि और ईसाई धर्म के प्रति उसकी गहन आसक्ति ने फ्रैंक पर जादू-सा कर दिया था।

धीरे-धीरे फ्रैंक और एनी की मुलाकातें बढ़ने लगीं। कभी वे एकांत में बैठकर विभिन्न विषयों पर घंटों चर्चा करते थे तो कभी घुड़सवारी करते हुए दूर निकल जाते थे। रविवार को प्रार्थना सभा के बाद फ्रैंक उसके घर जाता था। ईसाई धर्म के प्रति उसकी निष्ठा और धार्मिक विचारों को एमिली बहुत पसंद करती थी, इसलिए उसने एनी और फ्रैंक के मिलने-जुलने पर कभी कोई आपत्ति नहीं की।

एक-एक कर दिन बीतने लगे। इस बीच फ्रैंक को कब एनी से प्यार हो गया, इसका उसे पता तक नहीं चला। एनी उसके मन-मस्तिष्क पर बुरी तरह से हावी हो चुकी थी। जिस दिन उससे मुलाकात नहीं होती, फ्रैंक के चेहरे पर मायूसी छाई रहती। वह उससे मिलने के बहाने ढूँढ़ता रहता। लेकिन इस सबसे बेखबर एनी अपनी ही दुनिया में खोई हुई थी। उसके लिए फ्रैंक केवल एक सच्चा मित्र था, जिसके साथ वह अपने दुःख-सुख बाँट लेती थी।

विवाह प्रस्ताव

फ्रैंक तीन महीने के लिए घर जा रहा था। सारी तैयारियाँ हो चुकी थीं। लेकिन जैसे-जैसे बिछोह की घड़ी निकट आने लगी, फ्रैंक की बेचैनी बढ़ने लगी। 'एनी को

मन की बात कैसे बताए?' वह इसी उलझन में था। ऊहापोह की इस स्थिति में जाने का दिन भी आ पहुँचा।

निर्धारित दिन उसे विदा करने के लिए एनी स्टेशन तक आई। ट्रेन छूटने में अभी कुछ समय शेष था, इसलिए वे स्टेशन पर एक ओर बैठकर बातें करने लगे। सहसा उलझन को एक ओर फेंककर फ्रैंक ने एनी का हाथ पकड़ लिया और उसकी आँखों में झाँकते हुए बोला, ''एनी! मैं तुमसे प्यार करने लगा हूँ और तुम्हारे बिना नहीं रह सकता। क्या तुम मुझसे विवाह करोगी?''

अकस्मात् विवाह का प्रस्ताव सुनकर एनी विस्मित रह गई। उसने इस बारे में कभी सोचा ही नहीं था। उससे कोई जवाब देते नहीं बना। लेकिन फ्रैंक को विश्वास था कि एनी उसका प्रस्ताव अस्वीकार नहीं करेगी। इसलिए उसने उसकी चुप्पी को 'हाँ' समझ लिया। तभी गार्ड ने ट्रेन चलने का संकेत दे दिया।

''अभी तुम इस बारे में माँ से कोई बात मत करना। मैं आकर स्वयं उनसे बात करूँगा।'' यह कहकर उसने एनी के गालों को सहलाया; हाथ को चूमा और दौड़ते हुए ट्रेन पर चढ़ गया।

अलविदा करती हुई एनी के चेहरे पर असमंजस के भाव थे।

❑

6

परिणय सूत्र

छुट्टियाँ समाप्त होने के बाद फ्रैंक क्लैपहम लौट आया। उसने निश्चय कर लिया कि इस बार एमिली से अपने और एनी के विवाह की बात अवश्य करेगा। हर बार की तरह रविवार की प्रार्थना सभा के बाद फ्रैंक सीधे एनी के घर जा पहुँचा।

अभी तक एनी को उसके आगमन की सूचना नहीं मिली थी। अचानक उसे सामने देखकर वह अचंभित रह गई।

''अरे! तुम कब आए? कोई सूचना भी नहीं दी? आओ, अंदर आ जाओ।'' एनी ने दरवाजे से हटते हुए कहा।

''कल शाम को आया था। सोचा, ऐसे पहुँचकर तुम्हें हैरान कर दूँगा।'' फ्रैंक अंदर आते हुए बोला।

आज फ्रैंक कुछ अधिक बन-ठनकर आया था। उसके हाव-भाव में उत्साह था। ऐसा लग रहा था मानो किसी विशेष प्रयोजन को सिद्ध कर लेना चाहता हो। उसे देखकर एनी को उसकी मंशा का कुछ-कुछ आभास होने लगा था।

''अच्छा किया जो तुम आ गए। तुम्हारे जाने के बाद से हमारा मन भी काफी उदास था।'' एमिली ने स्नेह उड़ेलते हुए कहा।

अभिवादन के बाद कुछ देर तक वे घर-परिवार की बातें करते रहे। तदनंतर फ्रैंक मुख्य विषय पर आते हुए बोला, ''मुझे आपसे एक जरूरी बात करनी है।''

''हाँ बेटा! निस्संकोच होकर कहो।''

फ्रैंक ने थोड़ा अटकते हुए कहा, ''मैं एनी से विवाह करना चाहता हूँ। क्या आप हमें अपना आशीर्वाद देंगी?''

पल भर के लिए एमिली चुप रह गई। फ्रैंक की धार्मिक भावनाओं व विचारों से वे प्रभावित थीं। वह एक ऐसा शिक्षित, सुयोग्य और सभ्य युवक था, जिसे कोई भी अपनी बेटी सहर्ष सौंप सकता था। वे विवाह के लिए तैयार थीं। लेकिन एनी के विचार जानना भी जरूरी था। वे उस पर कोई भी निर्णय थोपना नहीं चाहती थीं,

इसलिए उन्होंने एनी से स्पष्ट पूछा, "क्या तुम भी यही चाहती हो?"

इससे पहले कि वह कुछ बोलती, फ्रैंक बोल उठा, "एनी से मैं पहले ही पूछ चुका हूँ; वह विवाह के लिए तैयार है।"

"यदि यह भी ऐसा चाहती है तो मुझे कोई आपत्ति नहीं है। लेकिन एनी सिर्फ अठारह वर्ष की है। इसमें विवाह योग्य परिपक्वता नहीं है। इसलिए तुम्हें विवाह के लिए अभी कुछ प्रतीक्षा करनी पड़ेगी।"

"मुझे विवाह की जल्दी नहीं है। आप जब तक कहेंगी, मैं प्रतीक्षा करूँगा।" यह कहकर प्रसन्न फ्रैंक वहाँ से चला गया।

विवाह की सहमति

"एनी! जब से फ्रैंक के साथ तुम्हारा रिश्ता पक्का हुआ है, तुम खोई-खोई रहने लगी हो। खाने-पहनने पर भी ठीक से ध्यान नहीं दे रही। सच-सच बताओ, तुम इस विवाह से खुश तो हो न?" माँ एमिली ने एनी के सिर पर हाथ फेरते हुए पूछा।

"माँ! मैं बड़ी उलझन में हूँ।"

"कैसी उलझन? मुझे ठीक से बताओ।" एमिली ने पास बैठते हुए कहा।

"मुझे समझ नहीं आ रहा कि फ्रैंक से विवाह करने का फैसला ठीक है या नहीं। यही उलझन दिन-रात मुझे परेशान कर रही है।" एनी धीरे से बोली।

"लेकिन तुम दोनों एक-दूसरे को अच्छी तरह जानते हो; एक-दूसरे का साथ तुम्हें अच्छा लगता है। फिर सबसे बड़ी यह बात है कि विवाह का निर्णय तुम दोनों ने लिया है। इतना सब होते हुए भी फिर उलझन क्यों है?"

"माँ! यह सच है कि हमारा अधिकांश समय एक साथ व्यतीत होता है; मुझे उसका साथ अच्छा लगता है। परंतु मेरी दृष्टि में यह संबंध केवल मित्रता का है। इसे विवाह में बदलने का निश्चय फ्रैंक ने किया है, मैंने नहीं। उसने मेरे साथ घूमने-फिरने को प्यार समझ लिया। लेकिन इस रिश्ते को लेकर मैं बिलकुल भी उत्साहित नहीं हूँ।" एनी ने मन की बात खोल दी।

कुछ देर एमिली सोच में डूबी रहीं। तदनंतर उसे स्नेहपूर्वक समझाते हुए बोलीं, "एनी! मेरे विचार से इस विवाह में कुछ बुरा नहीं है। सच्ची मित्रता ही आगे चलकर प्यार में बदलती है। फ्रैंक एक अच्छा युवक है; वह तुम्हें हमेशा खुश रखेगा। उसकी पत्नी बनकर तुम वे सभी समाजोपयोगी कार्य करने में समर्थ हो जाओगी, जो

तुम करना चाहती हो।''

''लेकिन माँ! मैं अविवाहित रहकर भी वे कार्य कर सकती हूँ। उसके लिए क्या विवाह जरूरी है?'' एनी ने प्रतिवाद किया।

''एनी! विवाह एक सामाजिक रीति है। स्त्री-पुरुष को इसका पालन करना ही पड़ता है। एक पुरुष अकेले जीवन व्यतीत कर सकता है, परंतु एक स्त्री के लिए यह सरल नहीं है। जीवन के कठोर पथ पर संकटों और समस्याओं का सामना करते हुए वह बिलकुल अकेली और निस्सहाय पड़ जाती है। अपने अनुभवों के आधार मैं तुम्हें विवाह करने का ही परामर्श दूँगी।''

एमिली के समझाने पर अंततः एनी ने विवाह की सहमति दे दी।

बाद में एनी ने अपनी स्थिति स्पष्ट करते हुए लिखा था, ''मेरी परिकल्पनाओं में प्रेम या विवाह के लिए कोई स्थान नहीं था। इसका कारण मेरा स्वभाव था, जोकि एलन मैरियट के कठोर संरक्षण में परिपक्व हुआ था। उनके संरक्षण में न तो कभी मैंने रोमांटिक नॉवल पढ़े थे और न ही मैं प्रेम-प्रदर्शित करने वाले युवकों से मिली थी। मेरे प्रवास की संपूर्ण अवधि केवल ईसाई मत, चर्च और धार्मिक पुस्तकों के इर्द-गिर्द घूमती रही। यदि स्पष्ट शब्दों में कहा जाए तो मैं सामाजिक रूप से विलग थी। ईसा मसीह और मेरी माँ एमिली—केवल ये दोनों मेरे समक्ष केंद्रित थे। उनके अतिरिक्त किसी तीसरे के विषय में मैंने कभी नहीं सोचा था। लेकिन पादरी मेरे लिए सम्मानीय थे और उनकी पत्नी को 'नन' के तुल्य समझा जाता था। इसलिए इच्छा न होते हुए भी मैंने विवाह की स्वीकृति दे दी थी।''

1867 का वर्ष वुड परिवार के लिए खुशियाँ लेकर आया। पढ़ाई पूरी करने के बाद हैनरी ने कैंब्रिज में दाखिला ले लिया था; एमिली ने धन जोड़कर लिओनार्ड में एक नया और बड़ा मकान खरीद लिया। घर के व्यवस्थित होते ही एनी की सगाई की रस्म भी पूरी कर दी गई।

एनी बीस वर्ष की हो चुकी थी। फ्रैंक भी निरंतर विवाह के लिए दबाव डाल रहा था। अंततः 21 दिसंबर, 1867 को दोनों विवाह-सूत्र में बँध गए।

इस तरह एनी वुड विवाह के बाद एनी बेसेंट हो गई।

❑

7

दांपत्य का बिखराव

"मेरा विवाह उस उम्र में हुआ था, जब किशोरियाँ विवाह के लिए परिपक्व हो जाती हैं। लेकिन उनकी अपेक्षा मैं पूरी तरह से अपरिपक्व और नासमझ थी। मुझे वैवाहिक समझ केवल उतनी थी, जितनी एक चार वर्ष की बच्ची में होती है। विवाह दो आत्माओं का मिलन होता है—यह बात मैं अकसर सुनती आई थी। परंतु विवाह के बाद गृहस्थी और पारिवारिक दायित्वों से अनभिज्ञ थी। परिवार में बच्चे कहाँ से आते हैं, इस विषय में भी मेरा ज्ञान शून्य था। उन्मुक्त वातावरण में शिक्षा ग्रहण करने वाले युवक-युवतियाँ बाह्य जगत् से यह ज्ञान सहज प्राप्त कर लेते हैं। परंतु जिसकी किशोरावस्था चर्च, पुस्तकों व धार्मिक वातावरण में व्यतीत हुई हो, उसकी अबोधता और अज्ञानता का सरलता से अनुमान लगाया जा सकता है। मेरे विचार में ऐसी युवती यदि अधिक उम्र की हो जाए तो भी माता-पिता को उसके गले में विवाह का फंदा नहीं डालना चाहिए, क्योंकि उसकी कमियाँ वैवाहिक संबंधों को शीघ्र नष्ट कर देती हैं। यह मेरा स्वयं का अनुभव है।"

एनी बेसेंट द्वारा लिखी गई उपर्युक्त पंक्तियाँ उनके दुःखी दांपत्य जीवन को प्रकट करती हैं। जिस स्नेह, प्रेम और विश्वास के आधार पर उनका वैवाहिक संबंध आरंभ हुआ था, वह अधिक दिनों तक स्थायी नहीं रह सका। शीघ्र ही एनी को पता चल गया कि फ्रैंक जैसा दिखता था, वैसा नहीं था। उसने स्वयं पर एक आवरण ओढ़ रखा था जो उसके वास्तविक स्वरूप को छिपा देता था। जिन परिवर्तनकारी विचारों की वह बात करता था, वे केवल दिखावा मात्र थे। धीरे-धीरे उसकी संकुचित सोच खुलकर सामने आने लगी थी।

पेरिस-प्रवास के दौरान एनी बेसेंट को वहाँ की सभ्यता और संस्कृति ने बहुत प्रभावित किया था। वहाँ के धार्मिक वातावरण में वे इतनी घुलमिल गई थीं कि स्वयं को वहीं का एक हिस्सा समझने लगी थीं। चर्च, उनमें की जाने वाली प्रार्थनाएँ, कार्य करने की पद्धति—सबकुछ मनमोहक था। वहाँ की जीवन-शैली अधिक जीवंत थी। उनका मन पुनः वहाँ जाने के लिए मचल रहा था।

विवाह के बाद उन्होंने फ्रैंक से बात की, "क्या हम पेरिस जा सकते हैं?"

''एक पादरी के लिए हनीमून का कोई औचित्य नहीं है। अपने दिमाग से यह घटिया विचार निकाल दो।'' फ्रैंक ने सपाट शब्दों में मना कर दिया।

''लेकिन हम हनीमून मनाने नहीं, बल्कि धार्मिक प्रयोजन से जाएँगे।''

''हमें कहीं जाने की जरूरत नहीं है।'' फ्रैंक कठोर स्वर में बोला, ''तुम्हारे पास घर में करने के लिए बहुत काम हैं। इसलिए घूमने-फिरने की बात छोड़कर घर-गृहस्थी में ध्यान लगाओ।''

स्वर की कठोरता से एनी सिहर उठीं। फ्रैंक का यह रूप उन्होंने पहले कभी नहीं देखा था। इसके बाद उन्होंने पेरिस जाने का विचार त्याग दिया।

आर्थिक संकट

कुछ दिनों से फ्रैंक बेसेंट का मन चर्च से हटने लगा था। दूसरे लोगों की तरह उसमें भी धन तथा सुख-सुविधाओं से युक्त जीवन जीने की लालसा हिलोरे लेने लगी थी। इच्छाओं की पूर्ति के लिए उसने अपने पद का लाभ उठाया और चैल्टनहम के एक कॉलेज में नौकरी प्राप्त कर ली। तदनंतर पादरी का कार्य छोड़कर धन कमाने की ओर उन्मुख हो गया।

फ्रैंक की यह धन-लोलुप मानसिकता देखकर एनी को गहरा आघात पहुँचा। विवाह से पूर्व वह जिस आदर्शवादी एवं सिद्धांतवादी फ्रैंक को जानती थीं, विवाह के बाद वह पूरी तरह से लोभी बन चुका था। एनी इसका कारण उसकी पारिवारिक पृष्ठभूमि को मानती थी।

इस संदर्भ में उन्होंने लिखा है, ''वे दस भाई-बहनों में से एक थे। उनके पिता विलियम बेसेंट अध्ययन और बागवानी में डूबे रहते थे। इसके विपरीत उनकी माँ साराह बेसेंट एक महत्त्वाकांक्षी और कट्टर ईसाई महिला थीं। उन्होंने घर-परिवार के सभी दायित्व अपने कंधों पर उठा लिए थे। उनके घर में ईसाई मत का कठोरता से पालन होता था। फ्रैंक की आरंभिक शिक्षा स्थानीय स्कूल में हुई थी। तदनंतर धनिकों के एक स्कूल में उनका दाखिला कराया गया। फिर उन्होंने कैंब्रिज यूनिवर्सिटी से संबद्ध किंग्स कॉलेज से ग्रेजुएशन की पढ़ाई पूर्ण की। इस तरह उनकी शिक्षा-दीक्षा उन स्कूल-कॉलेज में हुई, जहाँ ईसाई मत का अनुपालन होता था। इसके फलस्वरूप कट्टरवाद उनका स्वभाव बन गया। परंतु माँ के संस्कारों से प्रेरित होने के कारण वे अत्यधिक महत्त्वाकांक्षी हो गए। बचपन से ही धन का महत्त्व उन्हें भली-भाँति ज्ञात था। इसलिए धार्मिक वातावरण में पले-बढ़े होने के बाद भी वे धन कमाने की ओर

आकृष्ट हुए। उनकी इस महत्त्वाकांक्षा ने हमारे बीच खाई पैदा कर दी। शनैःशनैः यह इतनी बढ़ गई कि हम दो अलग-अलग विचारधाराओं के प्रतिनिधि लगने लगे; हमारा प्रेम नष्ट हो गया।''

फ्रैंक की नौकरी अधिक दिनों तक स्थायी नहीं रही। जल्दी ही कॉलेज की प्रबंधन समिति ने उसकी सेवाएँ निरस्त कर दीं। बेसेंट परिवार आर्थिक संकट में डूब गया। इसका कुप्रभाव फ्रैंक पर पड़ा। उसका व्यवहार असहिष्णु, असभ्य और कठोर हो गया। चूँकि स्थिति विवाह के बाद बिगड़ी थी, इसलिए सभी मुसीबतों की जड़ वह एनी को मानता था। धीरे-धीरे वह परिवार के प्रति निष्ठुर होने लगा। उसके मुख से एनी के लिए अपशब्द भी निकलने लगे।

लेखनी का सहारा

कुछ महीनों में ही बेसेंट परिवार की आर्थिक दशा इतनी शोचनीय हो गई कि वे एक-एक पैसे को तरसने लगे। फ्रैंक जैसे-तैसे अपने खर्च की व्यवस्था कर लेता था, लेकिन एनी के लिए अपने कपड़े तक खरीदना दुष्कर होता गया। पति के कठोर व्यवहार तथा निर्दयता के चलते उससे सहयोग की आशा रखना व्यर्थ था। अतः एनी ने स्वयं इससे निबटने का निश्चय किया।

घुड़सवारी तथा पुस्तकें पढ़ने के साथ-साथ एनी को लिखने का शौक भी था। मनोभावों को प्रकट करने के लिए वे अकसर लेखनी का प्रयोग करती थीं। कुछ अवसरों पर लेख तथा निबंध लिखकर उन्होंने लेखन में अपनी योग्यता भी सिद्ध की थी। इसलिए आर्थिक विपन्नता से उबरने के लिए उन्होंने लेखनी का सहारा लिया। सर्वप्रथम उन्होंने लोक-कथाओं के आधार पर कुछ रोचक लेख लिखे, जिन्हें एक स्थानीय प्रकाशक ने चर्च की निःशुल्क सेवा के रूप में प्रकाशित किया। लेकिन एनी को पारिश्रमिक की आवश्यकता थी। दूसरी बार उन्होंने एक कहानी लिखी और उसे 'फैमिली हैरल्ड' नामक एक प्रकाशक को भेजा।

इस बार प्रयास सफल हुआ। कुछ दिनों बाद उन्हें प्रकाशक की ओर से तीस शिलिंग की प्रोत्साहन राशि मिली। इस कमाई ने उनके अंदर उत्साह और आगे बढ़ने का जज्बा भर दिया। अब वे पूरी तरह से लेखिका बनने की राह पर चल निकलीं। उनकी कहानियाँ निरंतर प्रकाशित होने लगीं। लेकिन फिर भी उनकी स्थिति दयनीय बनी रही। प्रकाशन से आनेवाली धनराशि पर फ्रैंक की नजर पड़ चुकी थी। रुपए आते ही वह हथिया लेता और एनी खाली हाथ रह जातीं।

खुशियों के फूल

यद्यपि एनी बेसेंट की आर्थिक समस्याएँ ज्यों-की-त्यों बनी हुई थीं; मानसिक द्वंद्व भी निरंतर जारी था। परंतु वर्ष 1869 उनके जीवन में खुशियों के रंग बिखेर गया। इस वर्ष उन्हें वह गौरव प्राप्त हुआ, जिसे विवाह के उपरांत प्रत्येक नारी प्राप्त करना चाहती है। 16 जनवरी, 1869 को उन्होंने पुत्र को जन्म देकर माता बनने का सौभाग्य प्राप्त किया। फ्रैंक की खुशी का ठिकाना न रहा। पुत्र का नाम रखा गया—'आॅर्थर डिग्बी बेसेंट'। डिग्बी के रूप में एनी को दु:खों से उबरने का साधन मिल गया था। कटु अनुभव भुलाकर वे उसके लालन-पालन में व्यस्त हो गईं।

28 अगस्त, 1870 को एनी के घर खुशियों ने पुनः दस्तक दी। इस बार उन्होंने एक पुत्री को जन्म दिया। उसका नाम रखा गया—'मेबल एमिली बेसेंट'। गर्भावस्था के दौरान पोषक तत्त्वों व पर्याप्त देखरेख के अभाव के कारण मेबल शारीरिक रूप से अस्वस्थ थी। डॉक्टरों ने उसके बचने की उम्मीद छोड़ दी थी, लेकिन एनी को विश्वास था कि वे अपनी पुत्री को बचा लेंगी। अंततः माँ का विश्वास विजयी हुआ; मेबल बच गई थी।

इस प्रकार एनी के जीवन में खुशियों के फूल खिले, जिन्होंने उनके उदासीन और कष्टप्राय जीवन को अपनी खुशबू से महका दिया।

❑

8

बदलती परिस्थितियाँ

सुसभ्य पत्नी की तरह एनी भी पति की सहायता करना चाहती थीं। वे उनकी विवशता और विफलता को जानती-समझती थीं। लेकिन चाहकर भी कुछ करना उनके वश में नहीं था। काफी सोच-विचार के बाद अंतत: एक रास्ता दिखाई दिया। उन दिनों ग्रामीण क्षेत्रों में पादरी नियुक्त करने का कार्यभार लॉर्ड हार्थले नामक एक सरकारी अधिकारी के अधीन था। एनी ने उनसे मुलाकात कर फ्रैंक को किसी चर्च में पादरी का कार्य सौंपने की प्रार्थना की।

एनी बेसेंट के व्यक्तित्व से लॉर्ड हार्थले अत्यंत प्रभावित हुए। परिणामस्वरूप उन्होंने फ्रैंक को दक्षिणी लंकाशायर के सिबसे नामक एक छोटे से गाँव में पादरी के पद पर नियुक्त कर दिया। फ्रैंक के लिए यह नियुक्ति लाभकारी सिद्ध हुई। इससे न केवल धन की वर्षा होने लगी, अपितु सुख-सुविधाओं में भी बढ़ोतरी हो गई। वह जैसे जीवन की कल्पना कर रहा था, उसे वैसा ही प्रतिफल मिलने लगा।

परंतु मित्र तथा संबंधी इसे एनी के परिश्रम का फल मानते थे। इससे उसका पुरुषार्थ अहंकार और ईर्ष्या से भर उठा। 'लोग उसे हीन, कायर, असहाय और पत्नी के टुकड़ों पर जीवित रहने वाला समझें'—संकुचित मानसिकता वाले फ्रैंक को यह सहन नहीं था। इसका परिणाम अंतत: एनी बेसेंट को झेलना पड़ा। फ्रैंक उनके साथ मारपीट करने लगा था। वह इतना क्रूर और निर्दयी हो गया कि एनी उससे भयभीत रहने लगीं। इस बारे में उन्होंने लिखा था, "मिथ्या पुरुषार्थ का अहंकार और हीनता का भाव उन पर इस कदर हावी था कि उन्हें उचित और अनुचित का ज्ञान नहीं रहा। सन् 1872 में उन्हें चर्च में पादरी की नौकरी मिल गई थी। लोग इसका श्रेय मुझे देते थे। यद्यपि इसे लेकर मेरे मन में थोड़ा सा भी अभिमान नहीं था, परंतु फ्रैंक हीनता से घिरे रहे। एक दिन उनका क्रोध इतना बढ़ गया कि मुझे जान से मार देने की धमकी तक दे डाली। मैं हैरान थी कि अगाध प्रेम करने वाला यह व्यक्ति इतना निर्दयी कैसे हो गया?"

ऐसा नहीं है कि एनी को अपने गृहस्थ-जीवन की विफलता तथा मानसिक क्लेश के कारणों का भान नहीं था, अपितु उन्होंने इनका गहन विश्लेषण किया था।

रिक्त समय में वे परस्पर संबंधों पर निष्पक्ष मनन-चिंतन करती थीं। इसका निचोड़ निकालते हुए उन्होंने लिखा था, "स्पष्ट कहा जाए तो फ्रैंक और मेरा विवाह अनमेल विवाह था। अनमेल का यह भाव शारीरिक, आर्थिक या सामाजिक न होकर मानसिक स्तर पर था। बचपन से न तो मैंने किसी चिंता या समस्या का सामना किया था और न ही कभी असभ्य व्यवहार झेला था। पारिवारिक दायित्वों का मुझे अनुमान नहीं था। मिस मैरियट के साथ रहने तथा रोक-टोक की कमी के कारण मेरा स्वभाव स्वतंत्र प्रकृति का हो गया था। लेकिन फिर भी मुझमें कोमलता और शर्मीलेपन का बहुत अंश शेष था। इसके विपरीत फ्रैंक पति के अधिकारों तथा पत्नी के मूक समर्पण के पक्षधर थे। वे कठोर व्यवहार, गृहस्वामी के अभिमान तथा स्वयं को श्रेष्ठ समझने की धारणा से आक्रांत थे। वस्तुतः हमारे विवाह की असफलता का मूल कारण उनका अभिमान, निर्दयता व उपेक्षापूर्ण व्यवहार तथा गृहस्थ जीवन में मेरी अक्षमता थी। अपने क्षेत्रों में हम दोनों अपूर्ण थे।"

कारण कुछ भी हो, परंतु यह सत्य था कि एनी और फ्रैंक के संबंधों में दरारें खाई का रूप लेने लगी थीं।

मानसिक तनाव

छोटी-छोटी बातों पर पत्नी के साथ मारपीट करना, अपशब्द बोलना, उनकी कमाई छीन लेना, दूसरों के सामने उन्हें प्रताड़ित करना फ्रैंक का स्वभाव बन चुका था। यद्यपि एनी बेसेंट विनम्र, सहनशील और शांत स्वभाव की थीं, परंतु जब पति के अत्याचार अधिक बढ़ जाते थे तो उनके अंदर की नारी विद्रोह कर उठती थी। लेकिन फ्रैंक पुरुषार्थ द्वारा उसका दमन कर देता था। व्यथित, अंदर तक टूटी हुई, निस्सहाय, एकाकी तथा शारीरिक व मानसिक तनाव झेलती एनी विवाह के इस संबंध में अपना स्वाभिमान तक गँवा चुकी थीं। फिर भी वे अपने बच्चों के लिए इस रिश्ते को बचाए रखने के लिए प्रयत्नशील थीं।

एक बार फ्रैंक और एनी कहीं जा रहे थे। तभी किसी बात को लेकर दोनों में कहासुनी होने लगी। कुछ ही देर में लोगों का जमावड़ा लग गया। किसी की परवाह किए बिना फ्रैंक निरंतर भला-बुरा बोल रहा था। सार्वजनिक रूप से अपना अपमान होते देखकर एनी का स्वाभिमान जाग उठा। उन्होंने कटु शब्दों में प्रत्युत्तर दिया। इस दुस्साहस से फ्रैंक तिलमिला गया। उसने एनी का हाथ पकड़ा और उन्हें जमीन पर घसीटते हुए बाड़ पर फेंक दिया। बाड़ के तीखे काँटों ने उनके शरीर को बुरी तरह से छलनी कर दिया था; वे पीड़ा से कराह उठीं। लेकिन यह पीड़ा उस दर्द से कम थी,

जो उनका हृदय अनेक महीनों से झेल रहा था। अपमान, क्रोध और निराशा से घिरी एनी भीड़ के बीच तमाशा बनकर रह गई थीं।

इस घटना के बाद से एनी बेसेंट ने स्वयं को खामोशी, उदासी, निराशा, भय तथा अकेलेपन के खोल में बंद कर लिया।

आत्महत्या का प्रयास

किसी महापुरुष ने कहा है—"जीवन में जब दुःखों की अधिकता हो जाए; मुसीबतों व समस्याओं के काले बादल घिर आएँ; स्वयं को नितांत अकेला महसूस करने लगें, तब निराश होने की बजाए मनुष्य को साहस और आत्मविश्वास के साथ परिस्थितियों का सामना करना चाहिए। स्मरण रहे, प्रत्येक समस्या का कोई-न-कोई समाधान अवश्य होता है।"

अधिकांश लोग उपर्युक्त तथ्य को स्वीकारते हैं। परंतु बिगड़ती परिस्थितियाँ जब अत्यंत जटिल होकर लंबी खिंच जाती हैं, तब निराशा के गर्त में डूबा मनुष्य जीवन की समाप्ति की ओर अग्रसर होने लगता है। ऐसा ही कुछ एनी बेसेंट के साथ भी हुआ। अपमान और तिरस्कार झेलती एनी के मानसिक तनाव उनके स्वास्थ्य पर प्रभाव डालने लगे थे। दिन-प्रतिदिन उनका स्वास्थ्य गिरने लगा। उन्हें न तो पर्याप्त नींद आती थी और न ही भूख-प्यास लगती थी; अत्यधिक सोचने के कारण सिर में दर्द रहने लगा था। वे इस घुटन से छुटकारा चाहती थीं। पराजित मनुष्य की तरह उनका मन भी मुक्ति के लिए मचलने लगा।

एक दिन एनी बेसेंट घर में अकेली थीं; बच्चे दूसरे कमरे में सो रहे थे। इस अकेलेपन में वे अपनी वर्तमान स्थिति पर चिंतन करने लगीं।

'क्या मैं वही एनी हूँ, जो कभी सूर्य किरणों की तरह उज्ज्वल थी; जो ओस की बूँदों की तरह निर्मल थी; जिसमें जीवन के प्रति उत्साह था? क्या मेरे जीवन में पति की दुत्कार सुनना या मारपीट सहना ही रह गया है? मेरा अस्तित्व, मेरी पहचान, मेरा स्वाभिमान—सबकुछ नष्ट हो चुका है। तो क्या जीवन भर मुझे यह सब सहना होगा? क्या यही मेरे नसीब में है?' एनी स्वयं से प्रश्न कर रही थीं।

'जिस जीवन में स्वाभिमान न हो; पति-प्रेम की रिक्तता हो; परस्पर संबंधों में भय, निर्दयता और आधिपत्य का भाव हावी हो; विश्वास, स्नेह, अपनत्व व सम्मान का अभाव हो—ऐसा मृतप्राय: जीवन जीने का क्या लाभ? नहीं, मैं ऐसा तिरस्कृत जीवन और नहीं जी सकती। अच्छा तो यही है कि मैं अपने प्राण दे दूँ। कम-से-कम

मुझे इस नरकीय जीवन से मुक्ति तो मिल जाएगी।' यह सोचकर वे आत्महत्या के लिए उद्विग्न हो गईं।

बच्चों के कमरे में क्लोरोफॉर्म की एक शीशी रखी थी। एनी तेजी से कक्ष में गईं और अलमारी खोलकर शीशी निकाल ली। फिर ढक्कन खोलकर उसे पीने के लिए शीशी को होंठों तक ले गईं।

सहसा उनका अंतर्मन चीख उठा, 'क्या कर रही हो, एनी! तुम इतनी कायर कब से हो गई कि थोड़े से कष्ट सहना भी तुम्हारे लिए असंभव हो गया? क्या तुममें इतना ही साहस शेष था? तुम्हारी माँ ने तुम्हारे लिए हर मुसीबत का सामना किया, परंतु तुम अपने बच्चों को छोड़कर आत्महत्या करना चाहती हो? जरा सोते हुए अपने मासूम बच्चों की ओर देखो। तुम्हारे बिना इनका क्या होगा? जब फ्रैंक तुम्हारा ध्यान नहीं रख सका तो इनकी परवरिश कैसे करेगा? बच्चों को उसके भरोसे छोड़ने से अच्छा है कि इन्हें भी अपने साथ मार डालो।'

''नहीं-नहीं! मैं ऐसा नहीं कर सकती।'' चीखते हुए एनी ने शीशी एक ओर फेंक दी। तदनंतर बच्चों को बाँहों में भरकर दृढ़ स्वर में बोलीं, ''मैं इनके लिए जिंदा रहूँगी और हर मुसीबत का सामना करूँगी। मेरे रहते कोई इनका अहित नहीं कर सकता। आज से मैं आत्महत्या का विचार तक कभी मन में नहीं आने दूँगी।''

इस तरह आत्महत्या के लिए उद्यत एनी बेसेंट ने स्वयं को सँभाल लिया। ❑

9

ईश्वर में अनास्था

क्लैपहम में चर्च की स्थापना के बाद एनी ने ईसाई धर्म का संक्षिप्त इतिहास लिखने का संकल्प किया था। इसे वे ईस्टर के समय प्रकाशित करवाना चाहती थीं। परंतु जैसे-जैसे वे लेख लिखती गईं, उनका मस्तिष्क उलझनों में फँसता गया। लेखन के दौरान उन्होंने अनेक ईसाई प्रचारकों के जीवन, उद्‌देश्यों व विचारधाराओं का गहन अध्ययन किया। उनके विचारों में विरोधाभास देख वे बहुत विस्मित हुईं। अब तक उनका ईश्वर से तात्पर्य ईसा मसीह से था। इसके अतिरिक्त उन्होंने किसी अन्य शक्ति की कल्पना तक नहीं की थी। किंतु एक ही ईश्वर (ईसा मसीह) और एक ही धर्म को माननेवालों के बीच विचारों की असमानता उनके लिए उलझन का विषय बन गई थी। उनकी अवधारणा भी इससे अछूती नहीं थी। पल भर के लिए उनके मन में ईश्वर के अस्तित्व को लेकर संशय उत्पन्न हुआ। लेकिन फिर उन्होंने इस विचार को झटककर अलग कर दिया। 'इस तरह के विरोध ईश्वरीय आस्था और ईश्वर के प्रति विश्वास की परीक्षा के साधन मात्र होते हैं। चिंतन करने की अपेक्षा इन्हें भूल जाना अधिक श्रेयस्कर है।' यह सोचकर उन्होंने स्वयं को इससे अलग कर लिया। लेकिन फिर भी उनके मस्तिष्क में अविश्वास और संदेह की हलकी सी परत उभर चुकी थी। इसके फलस्वरूप उन्होंने ऐसे प्रचारकों की रचनाएँ पढ़ना बंद कर दिया, जिनके सिद्धांत व विचार गहराई से रिक्त थे।

बाद में जीवन में घटित घटनाओं के कारण धीरे-धीरे एनी बेसेंट की ईश्वरीय अर्थात् ईसाई धर्म में आस्था पूरी तरह से अनास्था में बदलने लगी।

ईश्वरीय अनास्था का उल्लेख करते हुए एक बार उन्होंने लिखा था, ''बीमार मेबल को देखकर मैं सोचा करती थी कि क्या बच्चों का कोई ईश्वर नहीं है? यदि उनका ईश्वर है तो फिर वह इन्हें क्यों इतना दुःख देता है? जिन्हें पाप-पुण्यों का ज्ञान नहीं है; जो मानवीय कर्मों से दूर हैं, वे क्यों इतना दुःख झेलते हैं? उनके लिए ईश्वर निष्ठुर क्यों हो जाता है? अपने जीवन पर दृष्टि डालने पर ज्ञात हुआ कि मेरे वर्तमान कष्टों का सबसे बड़ा शत्रु मेरा धार्मिक अतीत है। उसने मुझमें झुकने की प्रवृत्ति का बीजारोपण किया और फिर मैं इसे ढोने को विवश हो गई। मेरी माँ जीवन भर धर्म का पालन करती रहीं। अनेक कष्ट भोगने के बाद भी उन्होंने धर्म की राह नहीं

छोड़ी। लेकिन अंततः उन्हें भी दूसरों की कुटिलता का शिकार होना पड़ा। उन्होंने ईश्वर के जिस अनुयायी पर विश्वास किया, उसी ने उनकी जमा-पूँजी हड़प ली। इन घटनाओं ने मुझे ईश्वरीय आस्था पर पुनर्विचार को विवश कर दिया। फलस्वरूप मैंने निषेध का मार्ग छोड़ दिया और विद्रोह का निश्चय कर लिया।''

आगे लिखते हुए वे कहती हैं, ''मैं किसी नैतिकता की इच्छा से प्रेरित होकर नास्तिक नहीं हुई थी। मेरे नास्तिक होने का कारण न्याय और अधिकारों पर आघात तथा अपमान का दंश था। इससे मैं अत्यंत व्यथित हुई। मैं एक निर्दोष, कर्तव्यपरायण और स्वाभिमानी पत्नी तथा ममत्वयुक्त माँ थी। परंतु वकील द्वारा मेरी माँ के साथ छल-कपट, मेरे स्वयं के कटु अनुभव, कायरता और आत्मविश्वास की कमी ने मुझे ईश्वरीय आस्था से रिक्त कर दिया। इससे चर्च के प्रति विद्रोह और ईसा मसीह में मेरा अविश्वास बढ़ता गया।''

निरीश्वरवाद की ओर

पादरी के पद पर नियुक्ति के साथ ही फ्रैंक व्यस्त हो गया। इससे प्रतिदिन के लड़ाई-झगड़ों और मारपीट पर भी अंकुश लग गया। एनी को थोड़ी राहत मिली। बच्चों की देखरेख और घर के काम निबटाने के बाद उनके पास बहुत समय शेष रह जाता था। अतः अवकाश का यह समय वे पुस्तकें पढ़ने में व्यतीत करने लगीं।

उन्होंने चर्च विरोधी अनेक पुस्तकों का गहन अध्ययन किया; ईश्वर-विरोधी प्रसिद्ध दार्शनिकों के विचारों का मंथन किया। चर्च के सिद्धांत उन्हें चापलूसी भरे तथा समस्याओं से भागते महसूस हुए। उनके समक्ष अनेक प्रश्न खड़े थे, ''जन्म लेने के बाद मनुष्य अनेक दुःख भोगता है—यह जानने के बाद भी ईश्वर ने संसार की रचना क्यों की? मनुष्य की पाप करने की समझ ईश्वर प्रदत्त है—यदि इस तथ्य को स्वीकारा जाए तो ईश्वर मनुष्य को दंडित क्यों करता है? क्या कारण है कि ईश्वर को अन्याय, अनाचार, असत्य व पाप की सत्ता स्वीकारनी पड़ती है? ईश्वरीय संतान होने के बाद भी मानव-समाज में असमानता क्यों है? सर्वशक्तिमान होने पर भी यदि ईश्वर पाप का नाश नहीं करता तो वह पूजनीय कैसे है? लेकिन यदि वह ऐसा करने में असमर्थ है तो उसके सर्वशक्तिमान होने की अवधारणा को कैसे सार्थक माना जा सकता है?''

ईश्वरीय आस्था के अंतर्गत इन प्रश्नों का कोई सटीक उत्तर नहीं था। ईश्वर को माननेवाले लोग इसे 'ईश्वरीय लीला' कहकर पल्ला झाड़ लेते थे। लेकिन एनी

बेसेंट के लिए आँख मूँदकर इन्हें स्वीकारना संभव नहीं था। वे अपनी जिज्ञासा का तर्कयुक्त समाधान चाहती थीं। ईश्वरवाद के अधूरे ज्ञान तथा अंतस्तल की अतृप्ति के कारण धीरे-धीरे उनकी विचारधारा निरीश्वरवाद की ओर उन्मुख होने लगी।

एनी बेसेंट की दृष्टि में ईश्वरवादी की अपेक्षा निरीश्वरवादी अधिक श्रेष्ठ थे। उनके बीच का अंतर स्पष्ट करते हुए उन्होंने लिखा था, ''ईश्वरवादी निजी लाभ की अभिलाषा से युक्त होते हैं। समाज से उन्हें कोई लेना-देना नहीं होता; वे स्वकेंद्रित रहते हैं। उनका उद्देश्य 'स्व का कल्याण' है। इसके विपरीत विज्ञान निरीश्वरवादी को जाति की एकता की शिक्षा देता है। इसलिए वे इच्छाओं की पूर्ति निजी हर्ष या आनंद की अपेक्षा संपूर्ण समाज के लिए चाहते हैं। आस्तिकों की अपेक्षा उनका उद्देश्य 'समाज का कल्याण' होता है।''

समाज-सेवा

संशयग्रस्त होने से पूर्व एनी नियमित रूप से चर्च जाती थीं; प्रार्थना-सभाओं में सम्मिलित होती थीं। परंतु जैसे-जैसे उनका विश्वास खंडित होने लगा, वैसे-वैसे उन्होंने चर्च जाना कम कर दिया। चूँकि अभी तक वे पूरी तरह से निरीश्वरवादी नहीं हुई थीं, इसलिए वे दोनों स्थितियों का भली-भाँति विश्लेषण कर लेना चाहती थीं। इस बीच उनका ध्यान गरीबी, बीमारी व भूख से लड़ते लोगों की ओर आकृष्ट हुआ।

सिबसे गाँव के अधिकांश लोग खेतीबाड़ी करते थे। परंतु अथक परिश्रम के बाद भी वे परिवार हेतु दो वक्त की रोटी जुटाने के लिए संघर्षरत थे। उनकी इस दशा का वर्णन करते हुए एनी बेसेंट ने लिखा था, 'उनकी स्थिति अत्यंत शोचनीय थी। परिवार के लोग एक ही झोंपड़ी में रहते थे। घास-फूस से निर्मित उनके घरों में वर्षा का पानी टपकता था। महामारियों का वहाँ साम्राज्य था; भूख से तड़पते बच्चों को कभी-कभी भोजन नसीब होता था। धनी वर्ग उनकी विवशता का लाभ उठा रहा था। लेकिन वे चुपचाप सबकुछ सह रहे थे।'

सन् 1872 में सिबसे में टायफाइड ने हमला किया। देखते-ही-देखते पूरा गाँव उसकी चपेट में आ गया। चिकित्सीय अभाव के कारण लोग मरने लगे। इस दयनीय स्थिति ने एनी बेसेंट को झँझोड़ दिया। वे गाँववालों की सहायता के लिए उठ खड़ी हुईं। उन्होंने रोगियों की सेवा का कार्यभार सँभाल लिया। लोगों को सफाई का महत्त्व समझाने के साथ-साथ वे उन्हें खेती के नए तरीके बताने लगीं। उनके प्रयासों से गाँव शीघ्र ही बीमारी से उबरकर उन्नति की ओर अग्रसर होने लगा।

वॉयसे का प्रभाव

कैंब्रिज से स्नातक के बाद हैनरी लंदन के 'सोसाइटी ऑफ आर्ट्स' में सेक्रेटरी के पद पर नियुक्त हुआ। एमिली वुड उसी के साथ रहती थीं। सन् 1872 में एनी बेसेंट उनसे मिलने लंदन आईं। इस प्रवास के दौरान उन्हें चार्ल्स वॉयसे के व्याख्यान सुनने का अवसर मिला। चार्ल्स वॉयसे प्राचीन धार्मिक सिद्धांतों तथा मान्यताओं को नकार चुके थे। उनके विचार अस्तित्ववाद पर आधारित थे। ईश्वर के अस्तित्व पर उनका विश्वास था, लेकिन उसमें ईसाई मत के दोष नहीं थे। एनी बेसेंट ने उनके साहित्य का अध्ययन किया।

अगले रविवार वे पुनः उपदेश सुनने गईं। इस बार सभा समाप्त होने के बाद भीड़ को चीरते हुए वे आगे बढ़ीं और वॉयसे को धन्यवाद देते हुए बोलीं, ''आपके उपदेशों से मुझे बहुत लाभ हुआ है। इससे मेरे मन के समस्त संदेह दूर हो गए हैं।''

इसी बीच एनी बेसेंट ने हिंदू धर्म के अवतारों का भी ज्ञान प्राप्त किया। इससे उनके इस विश्वास को बल मिला कि 'अवतार वस्तुतः सभी प्राचीन धर्मों के आधार हैं। वे ईश्वर नहीं होते, वरन् ईश्वरीय शक्ति का प्रतिनिधित्व करते हैं।'

कुछ दिन लंदन में रहने के बाद एनी वापस सिबसे गाँव लौट आईं।

❑

10

आजीवन वनवास

लंदन में वॉयसे ने एनी बेसेंट का परिचय स्कॉट दंपती से कराया था। वे ईश्वर-विरोधी एक पत्रिका का प्रकाशन करते थे। विभिन्न धर्म-सुधारकों, चिंतकों, दार्शनिकों तथा विद्वानों के लिए यह पत्रिका विचार-प्रस्तुति का मंच थी। वॉयसे द्वारा प्रेरित किए जाने पर एनी बेसेंट ने पत्रिका के लिए एक लेख लिखा। चूँकि पादरी की पत्नी होने के कारण उनका लेख फ्रैंक की गरिमा को ठेस पहुँचा सकता था, इसलिए लेख के नीचे उन्होंने अपना नाम नहीं दिया। प्रकाशन के उपरांत लेख की प्रशंसा में स्कॉट दंपती को अनेक पत्र प्राप्त हुए। तदनंतर उनके आग्रह पर एनी पत्रिका के लिए नियमित रूप से लेखन कार्य करने लगीं।

सन् 1873 के अप्रैल माह में एनी बेसेंट का एक ज्वलंत लेख प्रकाशित हुआ। उसमें ईसा मसीह के वास्तविक स्वरूप की विवेचना करते हुए उन्होंने अपने विचार व्यक्त किए थे, ''ईश्वर सर्वशक्तिमान, सर्वज्ञाता और सर्वद्रष्टा है; वह संपूर्ण जगत् का जनक है। उस परमपिता परमेश्वर से ईसा मसीह की तुलना सर्वथा अनुचित है। निस्संदेह मानव रूप में ईसा मसीह महान् हैं; उन्हें परमेश्वर के पुत्र-रूप में स्वीकारा जा सकता है; लेकिन वे सर्वद्रष्टा और सर्वज्ञाता ईश्वर नहीं हैं। उन्होंने लोगों की सेवा की; उनके कल्याण के लिए असंख्य कष्ट सहे; यहाँ तक कि अपने प्राण देने से भी पीछे नहीं हटे। परंतु सत्य यह है कि वे मानव-मात्र थे। हम उन्हें महापुरुषों की श्रेणी में रख सकते हैं, लेकिन उन्हें ईश्वर नहीं माना जा सकता।''

प्रकाशित होते ही यह लेख ईसाई धर्म के समर्थकों और उसके विरोधियों के बीच चर्चा का विषय बन गया। ईसाई मतावलंबी लेखक को जहाँ शैतान और पापी की संज्ञा दे रहे थे, वहीं धर्म-सुधारक इसे सत्य-दर्शन के रूप में देख रहे थे। एनी बेसेंट की इच्छानुसार उनका नाम गुप्त रखा गया था, इसलिए हर कोई लेखक के विषय में जानने को उत्सुक था।

लेकिन भूलवश एनी बेसेंट ने लेख की एक प्रति फ्रैंक बेसेंट के भाई वॉल्टर बेसेंट को प्रेषित कर दी। इससे उनकी कलई खुल गई।

वॉल्टर बेसेंट कट्टर ईसाई समर्थक था। वह यह लेख पहले ही पढ़ चुका था

और इसके लेखक के बारे में जानकारी प्राप्त करना चाहता था। जाने-अनजाने उसे जब ज्ञात हुआ कि लेख लिखनेवाली एनी है, तो उसके आश्चर्य की सीमा न रही। काफी सोच-विचार के बाद उसने सीधे फ्रैंक से बात की।

"आजकल तुम्हारी पत्नी क्या कर रही है?" वॉल्टर ने कड़वे स्वर में पूछा।

"आजकल उसे समाज-सेवा का शौक चढ़ा हुआ है। वह गाँव के गरीब लोगों के बीच रहकर उनकी सेवा कर रही है।" फ्रैंक लापरवाही के साथ बोला।

"फ्रैंक! समाज-सेवा के अतिरिक्त वह कुछ ऐसा भी कर रही है, जो तुम्हारे साथ-साथ हमारे परिवार की प्रतिष्ठा को धक्का पहुँचा सकता है।"

"मैं आपकी बात नहीं समझा। साफ-साफ बताइए, आप कहना क्या चाहते हैं?" फ्रैंक का स्वर उलझन भरा था।

लेख की प्रति सामने मेज पर फेंकते हुए वॉल्टर कठोर स्वर में बोला, "वह ईसाई धर्म के विरुद्ध लेख लिखने लगी है; धर्म-द्रोहियों का समर्थन करने लगी है। अगर लोगों को यह पता चल गया कि एक पादरी की पत्नी धर्म-विरोधी हो गई है तो वे तुम्हारा मान-सम्मान और धन-दौलत सबकुछ छीन लेंगे। तुम कौड़ी-कौड़ी के मोहताज हो जाओगे। अभी भी समय है, जाकर उसे समझाओ।"

फ्रैंक विस्मित रह गया। अब तक वह एनी को कमजोर और असहाय स्त्री के रूप में देखता आया था। वह यह दुस्साहस कर सकती है, इसकी उसने कल्पना तक नहीं की थी। उसने प्रति उठाई और गुस्से से दनदनाता हुआ घर की ओर चल पड़ा।

प्रतिबंध और विरोध

"यह लेख तुमने लिखा है?" कागज सामने फेंकते हुए फ्रैंक ने कठोर स्वर में पूछा।

पल भर के लिए एनी असमंजस की स्थिति में रहीं। तदनंतर उनके समक्ष सारा दृश्य स्पष्ट हो गया। अब छिपाने का कोई मतलब नहीं था। वे शांत स्वर में बोलीं, "हाँ, यह लेख मैंने ही लिखा है।"

"तुमने ईसाई धर्म के विरुद्ध लिखने का साहस भी कैसे किया? तुम्हें मेरे सम्मान की कोई चिंता नहीं है? अगर लोगों को पता चल गया कि उनके पादरी की पत्नी ऐसा कर रही है तो वे तुम्हारे साथ-साथ मुझे भी इस गाँव से उठाकर बाहर फेंक देंगे।" फ्रैंक ने लगभग चीखते हुए कहा।

"इसमें कुछ भी अनुचित नहीं है। मैंने जैसा महसूस किया, वैसा लिख दिया। हर व्यक्ति को अपने विचार व्यक्त करने का अधिकार है। मैंने केवल उसी अधिकार का प्रयोग किया है। इससे किसी को कोई तकलीफ नहीं होनी चाहिए।" एनी बेसेंट ने स्पष्ट शब्दों में प्रत्युत्तर दिया।

फ्रैंक आपा खो बैठा। उसने एनी के मुँह पर थप्पड़ जड़ दिया। तत्पश्चात् विषैले स्वर में बोला, "मैं तुम्हारा यह अधिकार समाप्त करता हूँ। आज के बाद तुम कोई लेख नहीं लिखोगी। अगर फिर कभी ऐसा करने का साहस किया तो मुझसे बुरा कोई नहीं होगा।"

यह कहकर वह कमरे से बाहर निकल गया।

एनी की आँखों में आँसू उमड़ आए। किंतु ये आँसू उस निशान के लिए नहीं थे, जो फ्रैंक उनके गालों पर छोड़ गया था; बल्कि उस पीड़ा के लिए थे, जो उनका हृदय वर्षों से भोग रहा था।

'सत्य अन्वेषण के मार्ग में ऐसे अवसर बार-बार आते रहेंगे। लेकिन मुझे किसी डर, मोह या दबाव के कारण पीछे नहीं हटना है। चाहे कोई कुछ भी कहे, मैं अपने मार्ग पर आगे बढ़ती रहूँगी।' मन-ही-मन निश्चय कर उन्होंने स्वयं को सँभाला।

फ्रैंक ने उनके लेखन पर प्रतिबंध लगा दिया था, लेकिन विरोधस्वरूप वे और भी मुखर होकर लेखनी चलाने लगीं। अब उनके लेख प्राचीन सिद्धांतों और धर्म-संस्कारों पर तीव्र प्रहार करने लगे ।

हिस्टीरिया के दौरे

उपर्युक्त घटना के बाद से फ्रैंक और एनी बेसेंट के संबंध में स्नेह, अपनत्व, प्रेम और परस्पर जुड़े रहने की भावना पूरी तरह से समाप्त हो गई। उनका स्थान कड़वाहट, ईर्ष्या और विरोध ने ले लिया। दोनों अलग-अलग राहों पर आगे बढ़ने लगे। एनी बेसेंट के संदर्भ में यह कहना अधिक उपयुक्त होगा कि पुराने व जर्जर ढर्रे को छोड़कर वे नए परिवर्तनकारी युग की ओर अग्रसर थीं। यद्यपि इस राह पर वे अकेली थीं; परिस्थितियाँ विकट थीं, लेकिन उन्होंने हारना नहीं सीखा था। इसलिए अनेक कष्ट व पारिवारिक विरोध के बाद भी वे अपने विचारों पर अडिग थीं। इसके कारण फ्रैंक का व्यवहार और अधिक क्रूर हो गया। उसकी चिढ़ इतनी बढ़ गई कि वह अकसर उन्हें जानवरों की तरह मारने लगता। चर्च का सम्मानीय व्यक्ति

वहशीपन पर उतर आता था।

प्रतिदिन की मारपीट और मानसिक तनाव के कारण एनी को हिस्टीरिया के दौरे पड़ने लगे। चूँकि सिबसे गाँव में कोई अच्छा डॉक्टर नहीं था, इसलिए इलाज के लिए वे लंदन चली गईं।

जाँच के बाद डॉक्टरों ने चेतावनी दी, ''हिस्टीरिया के साथ-साथ आप हृदय रोग से भी ग्रसित हैं। उचित यही होगा कि आप अपने स्वास्थ्य का ध्यान रखें; भरपूर आराम करें, अन्यथा स्थिति हाथ से निकल सकती है।''

डॉक्टरों के परामर्श पर एनी ने कुछ दिन लंदन में स्वास्थ्य-लाभ किया।

कपट या निर्वासन

लंदन से आने के बाद एनी बेसेंट पुनः लेखन में डूब गईं। उनके मन का भय दूर हो चुका था; वे अपने नाम से लेख प्रकाशित कराने लगीं। धीरे-धीरे लोगों को उनके विद्रोही विचारों का पता चलने लगा। उन्हें यह स्वीकार नहीं था कि धर्म-पथ पर वे जिसका अनुसरण करते हैं, उसकी पत्नी ही ईसाई धर्म के विरोधियों का नेतृत्व करे। शीघ्र ही फ्रेंक पर एनी को समझाने का दबाव बढ़ने लगा। उसे स्पष्ट तौर पर कह दिया गया कि 'यदि वह उन्हें नहीं रोकेगा तो उसे अपना पद छोड़ना पड़ेगा।''

अभावयुक्त जीवन की कल्पना से ही फ्रेंक सिहर उठा। वह किसी भी कीमत पर पादरी का पद छोड़ना नहीं चाहता था। मन-ही-मन उसने कठोर कदम उठाने का निश्चय कर लिया।

सन् 1873; अगस्त का महीना। एक कमरे में फ्रेंक और एनी आमने-सामने खड़े हुए थे। दोनों के बीच नीरस स्तब्धता छाई हुई थी।

चुप्पी को तोड़ते हुए फ्रेंक ने पुनः बात दोहराई, ''एनी! पादरी होने के नाते मैं तुम्हें आदेश देता हूँ कि चर्च में उपस्थित होकर उसके नियमों का पालन करो।''

''आप किसी को चर्च आने-जाने अथवा उसके नियम मानने के लिए विवश नहीं कर सकते।'' एनी ने प्रतिरोध किया।

''मैं तुम्हारा पति हूँ और मेरा अनुसरण करना तुम्हारा कर्तव्य है। तुम्हें मेरी आज्ञा का पालन करना ही होगा।''

कुछ देर चुप रहने के बाद एनी बोलीं, ''पत्नी होने के नाते मैंने सदा आपका अनुसरण किया है। लेकिन व्यक्तिगत स्वतंत्रता के आधार पर धर्म को मानने या न

मानने के लिए मैं स्वतंत्र हूँ। आप इसके लिए मुझे विवश नहीं कर सकते।''

''मेरी बात मानकर चुपचाप ईसाई धर्म का पालन करो, अन्यथा तुम्हें यह घर छोड़कर जाना होगा। इसके बाद हमारे बीच कोई संबंध शेष नहीं रहेगा।'' फ्रैंक ने स्पष्ट शब्दों में अपना निर्णय सुना दिया।

एनी पर वज्राघात हुआ। लेकिन झुकने की प्रवृत्ति वे बहुत पहले छोड़ चुकी थीं। परिस्थितियों का सामना करने के लिए उन्होंने स्वयं को तैयार कर लिया था। तदनंतर उसी समय अपना सामान समेटकर वे अनदेखे भविष्य की ओर चल पड़ीं।

संबंध-विच्छेद की इस दुःखद घटना का वर्णन करते हुए उन्होंने लिखा था, ''फ्रैंक को अपने पद, धन और मान-सम्मान से बहुत प्रेम था। पत्नी के अतिरिक्त उन्हें कुछ भी खोना स्वीकार्य नहीं था। इसलिए वे कठोर हो गए। वे चाहते थे कि मैं अपने विचारों को भूलकर श्रद्धापूर्वक उनका अनुसरण करूँ। उनकी दृष्टि में मेरी स्थिति ऐसे पशु से अधिक नहीं थी, जो अपने स्वामी के संकेतों पर चले। परंतु मुझे ऐसा जीवन स्वीकार नहीं था। मेरी अपनी स्वतंत्र सोच थी; अपने विचार थे; अपना दृष्टिकोण था; अपना व्यक्तित्व था। उनकी इच्छा के अनुसार जीवनयापन मेरे लिए कपट के समान था। उन्होंने मुझे कपट या निर्वासन में से एक को चुनने के लिए कहा। मैंने बिना संकोच के निर्वासन चुन लिया। मेरे लिए यह आजीवन वनवास सिद्ध हुआ, क्योंकि इसके बाद हम पुनः एक नहीं हुए।''

❑

11

संघर्ष का आरंभ

सिबसे गाँव से विदाई लेकर एनी बेसेंट लंदन में अपनी माँ और भाई हैनरी के पास आकर रहने लगीं। घर छोड़ने की बात उन्होंने किसी को नहीं बताई थी। लेकिन एक दिन अचानक फ्रैंक वहाँ आ पहुँचा और भला-बुरा कहते हुए धमकी देने लगा। चीखते-चिल्लाते हुए उसने चेतावनी दी, ''मेरे साथ चलो और चर्च के सिद्धांतों का पालन करो, अन्यथा तलाक के लिए तैयार रहो। याद रखना, मुझे उस स्त्री का साथ नहीं चाहिए जो पति की सबसे बड़ी शत्रु बन जाए।''

''घर छोड़कर मैंने तुम्हें अपना निर्णय बता दिया था। मैं आज भी उस निर्णय पर अडिग हूँ। मैंने बहुत सहन किया है, लेकिन अब मैं तुम्हारे साथ एक छत के नीचे नहीं रह सकती।'' एनी ने कठोर स्वर में कहा।

''ठीक है। तुम जीवन भर यहीं पर रहो; अब मेरे पास लौटकर मत आना।'' तिलमिलाता फ्रैंक तेजी से बाहर निकल गया।

इस घटना से एमिली को एनी और फ्रैंक के बीच की अनबन का पता लग गया। उनके रिश्ते के अंत की कल्पना करके वे भयभीत हो उठीं। उन्होंने एनी को समझाते हुए कहा, ''पत्नी का कर्तव्य है कि वह हर परिस्थिति में पति का साथ दे। पति-आज्ञा का पालन करना ही उसका धर्म है। इसलिए फ्रैंक जैसा कह रहा है, तुम वैसा ही करो।''

''फ्रैंक स्वार्थ के चलते मेरी आत्मा, विचारों और अस्तित्व का गला घोंटना चाहता है। मैं ऐसे व्यक्ति के साथ जीवन व्यतीत नहीं कर सकती, जो पत्नी को गुलाम बनाकर रखना चाहता हो।''

''एनी! फ्रैंक तुम्हारा पति है। तुम्हें अच्छाइयों के साथ-साथ उसकी बुराइयाँ भी स्वीकार करनी होंगी।'' एमिली ने आह भरी। तदनंतर भरे स्वर में बोलीं, ''मैं यह अच्छी तरह से जानती हूँ कि पति के बिना जीवन व्यतीत करना स्त्री के लिए कितना कठिन होता है। ऐसी स्त्री को जीवन-पथ पर न केवल कठिनाइयों का सामना करना पड़ता है, बल्कि समाज में बदनामी भी सहनी पड़ती है। इसलिए तुम एक बार पुनः सोच लो।''

एक ओर आत्म-सम्मान तो दूसरी ओर माँ की चिंता! एनी बेसेंट के समक्ष धर्मसंकट की स्थिति उत्पन्न हो गई। 'माँ की बात मानकर मिथ्या जीवन को ढोया जाए या स्वाभिमान के साथ अपने जीवन को तर्कसंगत बनाया जाए?' वे गहरी सोच में डूब गईं।

काफी सोच-विचार के बाद अंततः स्वाभिमान विजयी हुआ। सामाजिक मान-सम्मान, परिवार और सगे-संबंधियों के बदले एनी बेसेंट ने अपनी आत्मा की आवाज का वरण किया।

गवर्नेस की नौकरी

एनी बेसेंट रिश्तों की शिथिलता और उनका खोखलापन अच्छी तरह देख चुकी थीं। जब पति ने ही साथ छोड़ दिया तो किसी और से उम्मीद रखना व्यर्थ था। उनका मानना था कि 'इस नवीन पथ का चुनाव मैंने स्वयं किया है। इसलिए इस पथ पर आनेवाली समस्याओं और कठिनाइयों को भी मुझे अकेले झेलना है। मेरे निर्णय का परिणाम या बोझ कोई दूसरा क्यों सहे?'

हैनरी पर बोझ बनना उन्हें स्वीकार्य नहीं था। उन्होंने निश्चय कर लिया कि वे अपना भार स्वयं वहन करेंगी।

सर्वप्रथम जीविकोपार्जन की आवश्यकता थी। वे फैशनेबल वस्तुओं को कम मूल्य पर बेचने का कार्य करने लगीं। कई दिनों तक परिश्रम करने के बाद भी उन्हें थोड़ा-बहुत धन प्राप्त हुआ। यह राशि उनके लिए अपर्याप्त थी। तदनंतर एक प्रसिद्ध फर्म के लिए वे सेल्सगर्ल के रूप में कार्य करने लगीं। परंतु धनाभाव पूर्ववत् बना रहा। इस बीच फ्रैंक ने मेबल को उनके पास भिजवा दिया। हैनरी के पूरी तरह हाथ पीछे खींच लेने के कारण एमिली वुड भी एनी के साथ रहने लगी थीं। थोड़ी-बहुत कमाई में तीन लोगों का भरण-पोषण अत्यंत कठिन था। लेकिन निरंतर अभावों तथा असफलताओं के बाद भी वे अपने निश्चय पर अडिग थीं।

उनकी दुर्दशा देखकर एनी की नानी और मौसियों ने उन्हें अपने पास बुलवा लिया। शिक्षित होने के कारण एनी बेसेंट बच्चों को पढ़ाने के बारे में सोचने लगीं। लेकिन महिलाएँ अपने बच्चों को ऐसी स्त्री को सुपुर्द करने को तैयार नहीं थीं, जिसने पति को छोड़ दिया हो। एनी यहाँ भी असहाय हो गईं।

एक दिन वुडवर्ड नामक एक व्यक्ति की पत्नी बीमार पड़ गई। अपने बच्चों की देखरेख के लिए उसे ऐसी गवर्नेस की जरूरत थी, जो उसके घर में ही रह सके।

लेकिन अनेक प्रयत्न के बाद भी उसे गवर्नेस नहीं मिली। अंतत: विवश होकर उसने एनी बेसेंट को गवर्नेस के लिए नियुक्त कर लिया। उनका प्रमुख कार्य वुडवर्ड के बच्चों को पढ़ाना-लिखाना था।

इस तरह उनके भोजन और ठहरने की व्यवस्था हो गई।

स्टैनले का उदारवाद

गवर्नेस की नौकरी अधिक दिनों तक स्थायी नहीं रही। वुडवर्ड की पत्नी के ठीक होते ही एनी को नौकरी के साथ-साथ घर भी छोड़ना पड़ा। उसके बाद मेबल और एमिली वुड को लेकर वे नारवुड के एक छोटे से मकान में आकर रहने लगीं। जरूरत के सामान के लिए स्कॉट दंपती ने उन्हें एक दुकानदार से मिलवा दिया था, जो किस्तों पर फर्नीचर देने के लिए तैयार था। घर को ठीक-ठाक कर एनी जैसे-तैसे जीवन की गाड़ी चलाने लगीं।

जीवन के जिस संघर्ष में एमिली ने अपने दिन बिताए थे, बेटी को भी उसी ओर बढ़ते देख उनका मन भारी था। चिंता में वे अस्वस्थ रहने लगीं। 'दूर रहकर शायद वे अपना ध्यान बँटा सकें', यह सोचकर एनी बेसेंट ने उन्हें हैनरी के पास भिजवा दिया।

अभी कुछ ही दिन हुए थे कि एनी को एक टेलीग्राम मिला। उसमें लिखा था, ''मिसेज वुड मरणासन्न हैं। दो-तीन दिन से अधिक जीवित नहीं रहेंगी।' अनहोनी की आशंका से एनी भयभीत हो उठीं और बिना विलंब किए उनके पास पहुँच गईं।

एमिली का अंत समय निकट आ चुका था। मरने से पूर्व उन्होंने अंतिम इच्छा बताई, ''मैं धार्मिक दीक्षा लेना चाहती हूँ। परंतु उसमें एनी भी सम्मिलित होनी चाहिए। उसके बिना मैं भी दीक्षा ग्रहण नहीं करूँगी।''

माँ की इच्छा पूरी करने के लिए एनी बेसेंट पादरियों के पास गईं। परंतु एनी की पृष्ठभूमि जानने के बाद कोई भी दीक्षा को तैयार नहीं हुआ। अंत में एनी ने डीन स्टैनले से मुलाकात की, जोकि एमिली के पुराने मित्र थे।

''मैं यह कार्य अवश्य करूँगा। लेकिन पहले यह बताओ कि कोई दूसरा पादरी इसके लिए तैयार क्यों नहीं हुआ?'' स्टैनले ने प्रशन किया।

दो मिनट तक चुप रहने के बाद एनी ने दृढ़ स्वर में कहा, ''ईसाई धर्म में मेरी आस्था नहीं है, जबकि मेरी माँ धार्मिक दीक्षा में मुझे भी सम्मिलित करना चाहती हैं। इसलिए सामाजिक डर के कारण कोई भी पादरी यह कार्य नहीं करना चाहता।''

एनी बेसेंट की सच्चाई से स्टैनले अत्यंत प्रभावित हुए। उन्होंने स्पष्ट शब्दों में कहा, ''सिद्धांत मनुष्य के व्यवहार को नियंत्रित करने के लिए होते हैं। किंतु व्यवहार स्वयमेव नियंत्रित हो तो उसे सिद्धांतों की आवश्यकता नहीं रहती। इसलिए सिद्धांतों की अपेक्षा व्यवहार अधिक महत्त्वपूर्ण होता है। नैतिक नियमों का पालन करनेवाले मेरी दृष्टि में उतने ही सच्चे ईसाई हैं, जितने ईसा मसीह को माननेवाले। मनुष्य के लिए अपने कर्तव्यों को समझना अधिक जरूरी है। हमारा ईश्वर सत्य का पक्षधर है। इसलिए सत्य की खोज से वह रुष्ट नहीं होता। निश्चिंत होकर घर जाओ, मैं तुम्हारा अभीष्ट पूरा करूँगा।''

''इतने उदारवादी होने के बाद भी आप चर्च में रहकर कैसे कार्य कर सकते हैं?'' एनी ने विस्मित होकर पूछा।

''मेरा मानना है कि चर्च से विमुख होने की अपेक्षा उसकी सीमाओं में रहकर मैं वास्तविक धर्म की अधिक सेवा कर सकता हूँ।'' उन्होंने मुसकराकर उत्तर दिया।

स्टैनले के उदारवाद ने एनी बेसेंट पर गहरा प्रभाव डाला। इससे उन्हें अपने विचारों को विस्तार देने में भरपूर सहयोग मिला।

एमिली की मृत्यु

स्टैनले ने एनी बेसेंट की उपस्थिति में एमिली का धार्मिक दीक्षा-संस्कार पूर्ण किया। एनी चाहती थीं कि अंतिम समय तक माँ उनकी आँखों के सामने रहें। इसलिए उन्हें लेकर वे नारवुड वाले मकान में लौट आईं और जी-जान से उनकी सेवा में जुट गईं। लेकिन नियति को टालना किसी के वश में नहीं होता।

एक दिन संध्या-समय एमिली की तबीयत बिगड़ने लगी। आनन-फानन में डॉक्टर को बुलवाया गया। परंतु उसके आने से पहले ही उन्होंने आँखें मूँद लीं। मरते समय उन्होंने पीड़ा भरे हृदय से केवल इतना कहा, ''एनी! मैं तुम्हें अकेली छोड़कर जा रही हूँ; अपना ध्यान रखना।''

एमिली के कथन में कितना सच था! उनकी मृत्यु के बाद एनी अकेली रह गई थीं। भाई और पति—दोनों उनसे किनारा कर चुके थे। अब उन्हें अपने बच्चों के लिए जीना था।

आर्थिक स्थिति सुधारने के लिए वे पुनः लेख लिखने लगीं। स्कॉट दंपती की पत्रिका में उनके प्रायश्चित्त, मोक्ष व मुक्ति, ध्यान, बच्चों की धार्मिक शिक्षा जैसे विषयों पर अनेक लेख प्रकाशित हुए। इससे न केवल वे दूर-दूर तक प्रसिद्ध हो गईं, वरन् उन्हें धन भी प्राप्त हुआ। सन् 1879 में टॉमस स्कॉट का निधन हो जाने पर एनी ने उनकी लायब्रेरी खरीद ली। उसमें प्रसिद्ध विद्वानों व दार्शनिकों की असंख्य पुस्तकें मौजूद थीं। एनी वहाँ बैठकर घंटों पुस्तकों का अध्ययन करती थीं। इसके अतिरिक्त प्रसिद्ध विचारकों के वक्तव्य सुनना भी उनकी जीवनचर्या का एक हिस्सा बन गया था।

गहन अध्ययन और स्वतंत्र चिंतन के कारण उनका झुकाव तेजी से निरीश्वरवाद की ओर होने लगा। ईश्वर की अनंत व स्वयंभू प्रकृति उनके समक्ष स्पष्ट होती गई। 'ईश्वर सर्वोपरि और सर्वश्रेष्ठ है। उसे किसी मनुष्य के प्रोत्साहन, स्तुति या प्रशंसा की आवश्यकता नहीं है', यह मानते हुए उन्होंने प्रार्थना करना छोड़ दिया था। अब वे बेबाकी से निरीश्वरवाद पर ज्वलंत निबंध लिखने लगीं।

❑

12

नेशनल सेक्युलर सोसाइटी

अध्ययन में एनी बेसेंट की रुचि निरंतर बढ़ रही थी। उन्हें पुस्तकें या निबंध पढ़ना पसंद था। 'नेशनल रिफॉर्मर' निरीश्वरवाद से संबंधित एक पत्रिका थी। एनी उसकी प्रति नियमित पढ़ती थीं। एक बार पत्रिका के एक अंक में 'नेशनल सेक्युलर सोसाइटी' और उसके उद्देश्यों का उल्लेख किया गया। यह संस्था 'स्वतंत्र विचारों' की समर्थक थी। एनी ने इसकी सदस्यता लेने का मन बना लिया। उन्होंने एक नोट लिखकर पत्रिका के संपादक से पूछा, "संस्था का सदस्य बनने के लिए क्या व्यक्ति के लिए नास्तिक होना आवश्यक है?"

अगले अंक में प्रत्युत्तर छपा, "सदस्य के लिए संस्था के सिद्धांत मानना ही अनिवार्य है। यदि पढ़ने के बाद आपको सिद्धांत स्वीकार्य हों तो सदस्य बनने के लिए आप आमंत्रित हैं। इसके लिए नास्तिक होना आवश्यक नहीं है।"

संदेह का निवारण हो चुका था। फिर उसी महीने एनी बेसेंट नेशनल सेक्युलर सोसाइटी की सदस्य बन गईं।

'नोबलेस्ट मैन'

नेशनल रिफॉर्मर के अगस्त अंक में सूचना प्रेषित की गई, "सोसाइटी के नए सदस्य रविवार को हॉल ऑफ सांइस में मिस्टर ब्रैडलॉफ से सदस्यता प्रमाणपत्र ले सकते हैं।"

41 वर्षीय चार्ल्स ब्रैडलॉफ इंग्लैंड के लोकप्रिय लोगों में से थे। उनका जीवन उतार-चढ़ाव भरा था। एक साधारण परिवार में जन्म लेने के बाद भी अपनी योग्यता और बौद्धिकता के बल पर वे प्रसिद्ध वकील बने। उन्हें धन या पद का लोभ नहीं था। यही कारण था कि उन्होंने अपनी वकालत निर्धनों तथा असहायों को न्याय दिलाने के लिए समर्पित कर दी।

निरीश्वरवाद में आस्था रखने वाले ब्रैडलॉफ ईसाई धर्म और चर्च के नियमों के विरोधी थे। उन्होंने देश-विदेश में 'स्वतंत्र विचार' का समर्थन करते हुए अनेक

बार चर्च के सिद्धांतों पर वाद-विवाद किया था। ईसाई-विरोधी होने के बाद भी उनके भाषण जनसमुदाय को आकर्षित करते थे। उनकी ख्याति इंग्लैंड से निकलकर इटली तथा फ्रांस तक जा पहुँची थी। सन् 1866 से वे 'नेशनल रिफॉर्मर' पत्रिका के संपादक थे।

एक बार एक मित्र ने एनी से पूछा, "क्या तुमने चार्ल्स ब्रैडलॉफ के व्याख्यान सुने हैं?"

"नहीं! वे मुझे असभ्य और अशिष्ट वक्ता लगते हैं।" एनी ने अपना विचार व्यक्त किया।

"ऐसा नहीं है। वे उच्चकोटि के वक्ता हैं। तुम उनके विचारों से सहमत हो, यह जरूरी नहीं है। लेकिन एक बार उनका व्याख्यान सुनने अवश्य जाना।"

मित्र का परामर्श वे कब का भूल चुकी थीं। लेकिन नेशनल रिफॉर्मर में छपी सूचना ने उन्हें पुनः उसकी याद दिला दी। निर्धारित दिन सदस्यता प्रमाणपत्र लेने के लिए वे हॉल ऑफ साइंस में पहुँचीं।

ब्रैडलॉफ जोशीले स्वर में व्याख्यान दे रहे थे, "आप अपने विचारों को तब तक प्रकट मत कीजिए, जब तक आपके मत के विरुद्ध प्रतिवादी का दृष्टिकोण स्पष्ट न हो जाए। सर्वश्रेष्ठ विचारों को जानने-समझने से पूर्व किसी भी विषय की जानकारी का दावा न करें। स्मरण रहे, जब आप समाज में फैले प्राचीन सिद्धांतों से अधिक पढ़ जाएँगे, तभी अपने विचारों का लोगों में स्थायी विकास कर सकते हैं। इसके लिए जरूरी है कि आप स्वयं के सबसे बड़े आलोचक बनें। अपने वक्तव्यों, लेखों तथा विचारों का आलोचक के रूप में मंथन करें। आपके विचारों के मंथन से ही सत्य बाहर निकलेगा। ऐसे मत को पढ़ना व्यर्थ है जो आपके मत का समर्थन करता है। उसकी अपेक्षा ऐसे विचारों का अध्ययन करें जो आपके विचारों से भिन्न हों। उनके परस्पर घर्षण से ही आप सत्य को पहचान पाएँगे।"

वक्तव्य ने एनी बेसेंट को अत्यंत प्रभावित किया। प्रमाणपत्र लेते समय उन्होंने ब्रैडलॉफ से कहा, "आपके विचार क्रांति से ओत-प्रोत होने के साथ-साथ ठोस परिवर्तनकारी हैं। सत्य जानने का यह तरीका अत्यधिक तुलनात्मक और आधुनिकता से परिपूर्ण है।"

इस भेंट के साथ ही दोनों के बीच प्रगाढ़ मित्रता का सूत्रपात हुआ। एनी उन्हें 'नोबलेस्ट मैन' कहकर संबोधित करती थीं। यद्यपि उनकी मित्रता ने कई लोगों को रुष्ट कर दिया था, परंतु एनी पर इसका कोई प्रभाव नहीं पड़ा। वे निस्संकोच

स्वीकारती थीं, ''मेरे अंधकारमय और तूफानी जीवन में प्रकाश लाने वाले चार्ल्स ब्रैडलॉफ हैं। मेरी उत्तेजक प्रकृति के लिए उनका स्नेह, विनम्र स्वभाव, सहानुभूति, विवेक और उदारता जिम्मेदार थे। इससे मुझे आत्मिक और मानसिक शक्ति मिलती है। उनसे मुझे आत्मसंयम सीखने को मिला, जिसका मुझमें सर्वथा अभाव था।''

एजेक्स का डे ब्रेक

अब तक एनी बेसेंट के प्रगतिशील विचारों, कार्यशैली तथा लेखन-प्रतिभा को ब्रैडलॉफ भली-भाँति जान चुके थे। निरीश्वरवाद पर उनकी निर्भय टिप्पणियों और लेखन का उपयोग वे 'नेशनल रिफॉर्मर' के लिए करना चाहते थे।

उन्होंने उनके समक्ष प्रस्ताव रखा, ''क्या तुम 'नेशनल रिफॉर्मर' में काम करना चाहोगी?''

एनी बेसेंट की तर्कशक्ति और लेखन प्रभावशाली थे। उसमें गूढ़ता व गहनता का अद्‌भुत समावेश था। लेकिन अभी तक उन्हें अभिव्यक्ति का कोई सशक्त मंच नहीं मिला था; इसलिए ब्रैडलॉफ का प्रस्ताव सुनकर वे प्रसन्नता से भर उठीं। उन्होंने सहमति देते हुए कहा, ''आपके मार्गदर्शन में काम करने का अवसर मिलना बड़े सौभाग्य की बात है। मुझे प्रस्ताव स्वीकार है।''

फिर उसी दिन से एनी बेसेंट 'नेशनल रिफॉर्मर' के लेखक-मंडल में सम्मिलित हो गईं। इससे दोहरा लाभ हुआ। एक ओर उन्हें स्वतंत्र अभिव्यक्ति के लिए खुला मंच मिल गया, तो दूसरी ओर आमदनी का स्रोत भी।

पत्रिका में उन्हें एक कॉलम दिया गया, जिसमें उनके लेख व निबंध नियमित प्रकाशित होते थे। एनी ने इस कॉलम का नाम रखा—'डे ब्रेक'। चूँकि स्कॉट दंपती के लिए भी वे लिख रही थीं, इसलिए डे ब्रेक में 'एजेक्स' नाम से लेख लिखने लगीं। शीघ्र ही 'एजेक्स के डे ब्रेक' ने पाठकों में अपनी पहचान बना ली।

❑

13

कानूनी लड़ाई

यह वह समय था, जब न केवल भारत में अपितु यूरोप में भी स्त्रियों की स्थिति अत्यंत शोचनीय थी। उन्हें न तो स्वतंत्र अभिव्यक्ति का अधिकार प्राप्त था और न ही पति-इच्छा के विरुद्ध कार्य करने का। स्त्रियों के संबंध में इंग्लैंड का दृष्टिकोण भी संकीर्णता के चरम बिंदु पर था। वहाँ के समाज में संबंध-विच्छेद– व्यभिचार, पलायन और अत्याचार—इन तीन स्थितियों में संभव था। लेकिन यह अधिकार भी केवल पुरुषों को प्राप्त था। यदि स्त्रियों की बात की जाए तो उनका अधिकार क्षमा माँगने तक सीमित था। स्थिति चाहे कितनी भी विकट क्यों न हो, संबंध-विच्छेद के लिए वे कानूनी अधिकार से वंचित थीं।

एनी बेसेंट के घर छोड़कर लंदन आ जाने के बाद फ्रैंक ने कोर्ट में मुकदमा दायर कर दिया। वह अपना वैवाहिक संबंध जल्द समाप्त करना चाहता था। लेकिन उससे भी पूर्व कानूनी रूप से बच्चों का संरक्षण प्राप्त करना जरूरी था।

25 अक्तूबर, 1873 को अदालत ने निर्णय सुनाया, 'मेबल एनी के पास रहेगी, जबकि डिग्बी का पालन फ्रैंक करेंगे। वर्ष में एक बार दोनों बच्चे माता-पिता के पास जा सकते हैं। चूँकि एनी आर्थिक रूप से समक्ष नहीं है, इसलिए फ्रैंक को मेबल के पालन-पोषण के लिए प्रतिवर्ष 110 पौंड भेजने होंगे।'

इस तरह माता-पिता के साथ-साथ बच्चों का भी बँटवारा हो गया।

फ्रैंक की चालाकी

कोर्ट के आदेशानुसार एनी बेसेंट ने मेबल को एक महीने के लिए पिता के पास रहने भेजा।

एनी के निरीश्वरवादी विचारों को फ्रैंक अच्छी तरह से जानता था। उसे डर था कि मेबल भी उससे प्रभावित न हो जाए। यह सोचकर वह उस पर कड़ी नजर रखता था। उसने लुइसा एवरिट नामक एक गवर्नेस को उसकी देखरेख का कार्यभार सौंप दिया। मेबल प्रतिदिन नियमित ईसा मसीह की प्रार्थना करती थीं। इतना ही नहीं,

वह चर्च जाने के लिए भी सदा प्रस्तुत रहती थी। लेकिन इससे भी फ्रैंक की चिंता कम नहीं हुई।

एक रात सोने से पूर्व उसने मेबल को गोद में उठाया और स्नेहपूर्वक चुंबन देते हुए कहा, "गुड नाइट! गॉड ब्लैस यू!"

मेबल चकरा गई और प्रश्न करते हुए बोली, "आप ऐसा क्यों कहते हैं?"

"क्योंकि हम सब ईश्वर की संतान हैं और ईसा मसीह हमारे संरक्षक हैं।" फ्रैंक ने उत्तर दिया।

"लेकिन माँ तो नौकरों को भी यह कहने के लिए मना करती हैं।"

अब चकराने की बारी फ्रैंक की थी। दूसरे दिन उसने अपने सलाहकारों से संपर्क किया। उनसे पता चला कि मेबल को जिस स्कूल में भेजा जाता है, वहाँ की अध्यापिकाओं को एनी बेसेंट ने उसे धार्मिक उपदेशों से दूर रखने की हिदायत दी है।

फ्रैंक को एनी के विरुद्ध सशक्त सबूत मिल गया। उसने चालाकी दिखाते हुए कोर्ट में अपील की, 'मेबल को नियमित रूप से धार्मिक अनुदेश मिलने चाहिए। परंतु ईसाई न होने के कारण एनी बेसेंट ऐसा करने में असमर्थ है। वह अपने वक्तव्यों एवं लेखों द्वारा सार्वजनिक रूप से निरीश्वरवाद के सिद्धांतों का प्रचार करती है। वह चार्ल्स ब्रैडलॉफ नामक व्यक्ति के साथ है, जो ईसाई धर्म के विरुद्ध जहर उगलता है। मेरे विचार में पुत्री को माता के संरक्षण में छोड़ना नैतिक दृष्टि से अनुचित होगा। इसलिए मेबल का संरक्षण भी मुझे सौंप दिया जाए।'

अपील का जवाब

फ्रैंक ने एनी को बुरी तरह घेर लिया था। वे अपील का जवाब देना चाहती थीं, लेकिन उनकी पैरवी के लिए कोई भी तैयार नहीं हुआ। अंततः वे स्वयं कोर्ट में पहुँचीं और अपनी स्थिति स्पष्ट करते हुए बोलीं, "मैं ईसाई नहीं हूँ, यह जानने के बाद भी मुझे बच्ची की संरक्षिका फ्रैंक बेसेंट ने ही बनाया था।"

दो मिनट चुप रहने के बाद वे आगे बोलीं, "ब्रैडलॉफ निरीश्वरवाद के प्रचारक हैं, लेकिन उन्होंने मेबल के समक्ष कभी धर्म-चर्चा नहीं की। उसे स्कूल में धार्मिक उपदेशों से दूर रखने की हिदायत मैंने दी थी, क्योंकि मेरे विचार में ऐसा न करना उस पर ईसाई धर्म थोपने के समान था। मैं चाहती थी कि युवा हो जाने के बाद वह बाइबल का अध्ययन कर स्वयं अपने धर्म का चयन करें। इसलिए कभी-कभी मैं उसे चर्च भी ले जाती हूँ। वह हमारे साथ खुश है।"

एनी बेसेंट ने फ्रैंक पर आरोप लगाया, ''कोर्ट ने दोनों बच्चों को वर्ष में एक बार माता-पिता के पास जाने का आदेश पारित किया था। लेकिन पिछले दो साल में उसने एक बार भी डिग्बी को मेरे पास नहीं भेजा। ऐसा करके फ्रैंक बेसेंट ने कोर्ट के आदेश की अवहेलना की है।''

मुकदमे का फैसला

एनी बेसेंट का आरोप आधारहीन नहीं था। किंतु उस समय पुरुषों की अपेक्षा स्त्री को हीन दृष्टि से देखा जाता था। पुरुषों के अपराध क्षमा-योग्य थे, परंतु स्त्री को न्याय तक माँगने का हक नहीं था। इसका सटीक प्रमाण मुकदमे के निर्णय से मिल जाता है। जज ने फ्रैंक के विरुद्ध आरोपों को अनदेखा करते हुए फैसला सुनाया, ''मेबल को धार्मिक शिक्षा से वंचित रखना निंदनीय और घृणित अपराध की श्रेणी में आता है। बच्ची को एक दिन भी मिसेज एनी बेसेंट के संरक्षण में नहीं रहने देना चाहिए। कोर्ट आदेश देती है कि मेबल को अविलंब उसके पिता को सौंप दिया जाए। इससे उसे धार्मिक शिक्षा के साथ-साथ भाई डिग्बी का साथ भी मिलेगा।''

एनी काँप उठीं। उसने पुनः अपील करते हुए कहा, ''बच्चों की शिक्षा पिता के साथ-साथ माता का भी उत्तरदायित्व है। यदि मेबल पिता के पास रहेगी तो गाँव के निम्नस्तरीय किसानों और उनकी संतानों के साथ उसका संपर्क रहेगा। इससे उसे निम्न स्तर की शिक्षा मिलेगी। वे—चाहे कितने भी भद्र क्यों न—मेबल के स्तर के अनुरूप नहीं होंगे।''

कोर्ट ने उनकी अपील खारिज कर दी। लेकिन इससे एक लाभ अवश्य हुआ। उनकी भावनाओं का सम्मान करते हुए अदालत ने उन्हें वर्ष में एक बार बच्चों से मिलने की अनुमति दे दी थी।

दूसरी हार

बच्चों से अलग होकर एनी बुरी तरह टूट गईं। मानसिक तनाव उन पर इस कदर हावी हो गया कि वे होश-हवास खोकर बहकने लगीं। यद्यपि उन्हें बच्चों से मिलने की छूट थी, लेकिन फ्रैंक उन्हें बच्चों के सामने अपमानित करने लगता था। इससे व्यथित होकर एनी ने बच्चों से न मिलने का फैसला कर लिया। उन्होंने उनके साथ पत्र-व्यवहार भी समाप्त कर दिया। अब वे फ्रैंक से संबंध-विच्छेद कर लेना

चाहती थीं, इसलिए उन्होंने कोर्ट में अर्जी दायर कर दी।

मुकदमे का मसौदा पढ़ते हुए जज ने कहा था, ''दोनों पक्षों में से कोई भी एक-दूसरे के साथ रहने को तैयार नहीं है। जो महिला है, वह पूरी तरह से स्वतंत्र हो जाना चाहती है। साथ ही वह ऐसे अधिकार चाहती है, जो अलग रहनेवाली पत्नियों को दिए जाते हैं।''

जज ने बातचीत द्वारा दोनों में समझौता करवाने का प्रस्ताव रखा। लेकिन फ्रैंक ने मना कर दिया।

अत: कोर्ट के आदेश पर एनी बेसेंट ने अपने पक्ष में सबूत पेश किए। फ्रैंक ने उन्हें मनगढ़ंत कहते हुए अस्वीकार कर दिया। दोनों पक्षों की स्थिति स्पष्ट नहीं थी। अंतत: कोर्ट ने आदेश सुनाया, ''महिला पक्ष अपने आरोप सिद्ध करने में असफल रहा है। उनके द्वारा लगाए गए आरोप निराधार व बेबुनियाद हैं, इसलिए कानूनी तौर पर इनका तलाक मान्य नहीं है।''

इस तरह मानसिक और सामाजिक रूप से अलग-अलग हो जाने के बाद भी कानूनी तौर पर फ्रैंक और एनी पति-पत्नी ही रहे।

एनी बेसेंट की यह दूसरी हार थी। लेकिन इस मुकदमे ने महिला समाज के लिए नए युग का सूत्रपात किया। अब तक अदालत में किसी भी महिला को प्रवेश का अधिकार नहीं था। परंतु एनी बेसेंट ने अदालत में अपना पक्ष रखते हुए इस नियम को तोड़ने का साहस किया। इसके फलस्वरूप कुछ ही वर्षों में यह नियम पूरी तरह से धराशायी हो गया।

वयस्क होने पर डिग्बी और मेबल—दोनों उनके पास लौट आए और ईसाई धर्म त्यागकर थियोसोफिस्ट हो गए। उनके हृदय में माता के लिए जो सम्मान था, वह यथावत् बना रहा।

❑

14

स्वतंत्र विचारक

एनी बेसेंट ने अपना पहला भाषण अगस्त 1874 में दिया था। उसका विषय था—'नारी का राजनीतिक स्तर'। इसमें उन्होंने तत्कालीन राजनीति में महिलाओं की स्थिति तथा उनके अधिकारों का वर्णन किया था। ओजस्वी वाणी, शब्द-चयन की विशिष्टता और विषय पर गहरी पकड़—उनकी इन खूबियों ने श्रोताओं को मंत्रमुग्ध कर दिया। यह कहना अधिक उचित होगा कि पहले भाषण में ही उन्होंने लोगों पर अपनी अमिट छाप छोड़ दी। तालियाँ बजाते हुए वे उनका उत्साहवर्द्धन करने लगे। कुछ सप्ताह बाद श्रोताओं की माँग पर उन्होंने दूसरा भाषण दिया। इस बार उन्होंने विषय चुना था—'नैतिकता का सच्चा आधार।'

भाषण देते हुए उन्होंने कहा था, "धर्म को नैतिकता का आधार मानना सबसे बड़ी भूल है। यदि कोई व्यक्ति नास्तिक है तो इसका अर्थ यह नहीं लगाना चाहिए कि उसका व्यवहार नैतिक नहीं हो सकता अथवा वह नैतिकता का विरोधी है। इसी प्रकार धर्म को मानने वाला नैतिक हो, यह भी जरूरी नहीं है। वस्तुत: नैतिकता का आधार धर्म की अपेक्षा मनुष्य से संबंधित है। इनसानियत, मानवीय संबंधों में विश्वास, परस्पर स्नेह, मानव-सेवा जैसे नैतिक कर्म ही नैतिकता के वास्तविक आधार हैं।"

जैसी कि की उम्मीद थी, भाषण ने लोगों के अंतरमन को झिंझोड़ डाला। इसके बाद तो मानो भाषणों का सिलसिला चल निकला। सन् 1875 तक वे सोसाइटी की लगभग सभी सभाओं में भाषण देने लगी थीं।

लेखन और वाक्-कला में निपुण एनी बेसेंट की मनन-चिंतन में भी रुचि थी। गंभीर विषयों पर गहन चिंतन करना तथा तर्क-वितर्क से उसका मंथन करना उन्हें अत्यंत प्रिय था। वे स्वयं कहती थीं, "मनन, चिंतन और मंथन—ये तीनों विचारों को भली-भाँति छानने का कार्य करते हैं। इन तीन साधनों का प्रयोग करके किसी भी विचार के मर्म तक पहुँचा जा सकता है। इनके समक्ष सत्य अधिक दिन तक अदृश्य नहीं रह सकता।"

सन् 1875 के आरंभ होते ही एनी बेसेंट ने जीवन-परिवर्तन का शंखनाद कर

दिया था। उन्होंने स्वयं को पूरी तरह से 'स्वतंत्र विचारक' और 'समाज-सुधारक' के रूप में स्थापित करने का निर्णय ले लिया। इसके अंतर्गत उनका उद्‌देश्य सामाजिक उत्थान, जागरूकता लाना, धार्मिक विचारों की स्वतंत्रता, सत्य का प्रचार तथा कट्टरवाद के विरुद्ध संघर्ष करना था। वे जानती थीं कि इससे उनके साथ जुड़े अनेक लोगों की भावनाएँ आहत होंगी, लेकिन वे अपने पथ पर आगे बढ़ने के लिए दृढ़ संकल्प थीं।

इसी वर्ष अगस्त महीने के अंत में 'फ्री थिंकर्स' का एक अंतरराष्ट्रीय सम्मेलन आयोजित हुआ। चार्ल्स ब्रैडलॉफ द्वारा प्रेरित किए जाने पर एनी बेसेंट ने उसमें अपनी संस्था का नेतृत्व किया। सम्मेलन में देश-विदेश के कई विद्वान्, दार्शनिक व चिंतक सम्मिलित थे। उनके बीच आत्मविश्वास से परिपूर्ण एनी ने सारगर्भित व्याख्यान दिए। उनकी बौद्धिकता ने पहले ही दिन उन्हें लोकप्रिय बना दिया। वहीं उनकी भेंट डा. फ्रैडरिख बुखनर से हुई, जो जर्मन नेशनलिस्ट मूवमैंट के नेता थे। उन पर एनी के व्यक्तित्व का इतना गहरा प्रभाव पड़ा कि उन्होंने उन्हें अपने ग्रंथों के अनुवाद का कार्य सौंप दिया।

इस तरह 'स्वतंत्र विचारक' के रूप में एनी बेसेंट ने एक नई शुरुआत की।

विरोध का सामना

एनी बेसेंट अब विभिन्न प्रांतों में जाकर भाषण देने लगी थीं। इससे उनके विचार सीमित दायरे से निकलकर तेजी से लोगों में फैल रहे थे। दिन-प्रतिदिन उनकी लोकप्रियता बढ़ रही थी। लेकिन उनकी यह राह फूलों की सेज नहीं थी, बल्कि उन्हें अनेक कठिनाइयों का सामना करना पड़ा। धर्म के ठेकेदार उनके शत्रु बन गए। आँखों पर कट्टरवाद की पट्टी बाँधे वे लोग धर्म की कलई खुलते देख तिलमिला उठे और विभिन्न तरीकों से विरोध प्रदर्शन करने लगे।

एक बार एनी बेसेंट सार्वजनिक सभा में व्याख्यान दे रही थीं। सदैव की तरह इस बार भी निरीश्वरवाद उनके व्याख्यान का प्रमुख विषय था। तभी शोर-शराबे के साथ पथराव होने लगा। कुछ लोग उन्हें मंच से नीचे उतारने की माँग करने लगे। वे सभा में व्यवधान डालने आए थे। लेकिन एनी निर्भयतापूर्वक व्याख्यान देती रहीं। उन्हें प्रभावहीन देखकर विरोधी उत्तेजित होकर मंच पर चढ़ने का प्रयास करने लगें। सहसा एनी गरज उठीं, "यह सभा मानवता, नैतिकता और समाज-सुधार के समर्थकों के लिए हैं। यदि आप इन विचारों से सहमत नहीं हैं तो चुपचाप बाहर चले

जाइए। यहाँ शोर मचाकर अपनी अज्ञानता और संकीर्णता का ढिंढोरा मत पीटिए।''

विरोधी दल ठिठक गया। उनमें अनेक बलशाली और हट्टे-कट्टे लोग थे, लेकिन कोई भी एनी बेसेंट को मंच से उतारने का साहस नहीं जुटा पाया। धीरे-धीरे वे पीछे खिसकने लगे और फिर थोड़ी ही देर में तितर-बितर हो गए।

एनी को ऐसा विरोध एक बार नहीं, अपितु अनेक बार झेलना पड़ा। विरोधियों के अपशब्दों, तीखे व्यंग्य-बाणों तथा अपमानजनक व्यवहार के साथ-साथ उन्होंने पत्थरों का सामना भी किया था। लेकिन उन्होंने स्वयं में पीछे हटने की प्रवृत्ति कभी नहीं आने दी।। उनका मार्ग काँटों-भरा था—यह बात वे जानती थीं। उन्होंने इसका चयन स्वयं किया था। यही कारण है कि वे अकेली विरोध के समुद्र को चीरती हुई निरंतर आगे बढ़ रही थीं।

सत्य की खोज

सन् 1875 में 'नेशनल सेक्युलर सोसाइटी' की बैठक में चार्ल्स ब्रैडलॉफ को अध्यक्ष मनोनीत किया गया। एनी बेसेंट संस्था की कर्मठ सदस्य थीं; वे पूरी तरह समाज-सुधार के लिए समर्पित हो चुकी थीं। उनकी बढ़ती लोकप्रियता और समर्पण भाव को देखते हुए उपाध्यक्ष के पद के लिए उन्हें चुन लिया गया।

उन्हें उपाध्यक्ष का कार्यभार सौंपते हुए ब्रैडलॉफ ने कहा, ''संस्था ने जो आदर्श और नीतियाँ निर्धारित की हैं, उन्हें समाज में फैलाने का दायित्व तुम्हें दिया जा रहा है। तुम्हारी योग्यता को जानते हुए मुझे विश्वास है कि तुम इस जिम्मेदारी को पूरी निष्ठा से सँभालोगी।''

एनी बेसेंट ने संस्था का लक्ष्य निर्धारित किया—'सत्य की खोज।' तदनंतर वे तन-मन-धन से इस लक्ष्य को पूर्ण करने में जुट गईं। उनका कथन था, ''हम सत्य की खोज के लिए प्रयासरत हैं। सत्य ज़ानना ही हमारा उद्देश्य है।''

उनके प्रयासों से शीघ्र ही संस्था सैद्धांतिक और राजनीतिक दृष्टि से अत्यंत सुदृढ़ हो गई। अनेक लोग उससे जुड़ने लगे। कुछ ही दिनों में असंख्य समर्थक संस्था से जुड़ गए और उसकी जड़ें दूरस्थ क्षेत्रों तक फैल गईं।

□

15

नोल्टन की फिलॉसफी

सन् 1835 में चार्ल्स नोल्टन नामक डॉक्टर ने एक छोटी पुस्तिका प्रकाशित की, जो 'नोल्टन पुस्तिका' नाम से प्रसिद्ध हुई। पुस्तिका में तीन महत्त्वपूर्ण तथ्यों पर जोर दिया गया था—स्वतंत्र प्रेम, चिकित्सीय दृष्टिकोण व जनसंख्या का नियम। स्वतंत्र प्रेम के संदर्भ में नोल्टन का कहना था कि समाज में लोगों को प्रेम की स्वतंत्र होनी चाहिए। परंतु इससे उनका अर्थ यौन-संबंधों के अनियंत्रण से नहीं था, अपितु वे उसके नियंत्रण के पक्षधर थे। शीघ्र विवाह का समर्थन करते हुए उन्होंने लिखा था कि सामाजिक जीवन में पवित्रता बनाए रखने तथा यौन-संबंधों को नियंत्रित करने के लिए यह सटीक उपाय है। वे यह भी जानते थे कि इससे लोगों को परिवार बढ़ने तथा निर्धनता जैसी समस्याओं का सामना करना पड़ सकता था। अतएव स्वतंत्र प्रेम के साथ-साथ उन्होंने जनसंख्या नियंत्रण के नियम का उल्लेख किया था। पुस्तिका में परिवार नियोजन के उपाय बताते हुए उन्होंने लोगों को आय के अनुसार परिवार को नियंत्रित करने का परामर्श दिया था।

प्रकाशन के बाद नोल्टन पुस्तिका हाथो-हाथ बिक गई। उसमें दिए गए विचार प्रगतिवादी थे, जिनकी अनेक दार्शनिकों एवं समाचार पत्रों ने जमकर प्रशंसा की। पुस्तिका इतनी लोकप्रिय हुई कि चालीस वर्षों तक इसका निरंतर प्रकाशन जारी रहा। नई विचारधाराओं से ओत-प्रोत पाठकों की यह पहली पसंद थी। परंतु रूढ़िवादियों को यह सहन नहीं हुआ। वे आरंभ से ही इसका विरोध कर रहे थे। अंततः पुस्तिका का प्रकाशन बंद करवाने के लिए उन्होंने षड्यंत्र रचकर उसमें कुछ आपत्तिजनक चित्र जोड़ दिए। परिणामस्वरूप सरकार ने पुस्तिका पर प्रतिबंध लगा दिया। पुस्तिका प्रकाशित करने वाले प्रकाशकों तथा बेचनेवाले पुस्तक-विक्रेताओं के विरुद्ध भी कड़ी काररवाई की गई। उनमें 'नेशनल रिफॉर्मर' का प्रकाशक भी था।

आरोपों की झड़ी

ब्रैडलॉफ के परामर्श पर एनी बेसेंट ने 'नोल्टन पुस्तिका' का अध्ययन किया था। उसमें वर्णित कुछ विचारों से वे अत्यंत प्रभावित थीं। 'यौन-संबंधों पर नियंत्रण'

और 'सामाजिक-सुधार के लिए परिवार नियोजन' जैसे तथ्य उन्हें विचारणीय लगे। उन्होंने संस्था के सदस्यों को इसे पढ़ने के लिए प्रेरित किया। इससे उनके विरोधियों को एक और सशक्त अस्त्र मिल गया। वे आरोप लगाने लगे कि 'निरीश्वरवादी ऐच्छिक विवाह का समर्थन करके सामाजिक ढाँचे को तहस-नहस करना चाहते हैं। परिवार को नियंत्रित करने के पीछे उनका कुटिल स्वार्थ छिपा है। इस विकृत व्यवस्था की आड़ में उनका उद्देश्य ऐसे लोगों का समूल नाश करना है, जो धर्म के समर्थक हैं। वे यूरोप में निरीश्वरवादियों का एकच्छत्र राज्य चाहते हैं और उसके लिए कुछ भी करने को तैयार हैं।'

इस संबंध में एनी बेसेंट ने लिखा है, "विरोधियों ने हम पर आरोपों की झड़ी लगा दी थी, लेकिन वे आरोप आधारहीन थे। वस्तुतः नोल्टन पुस्तिका में दिए गए विचारों से उनका कोई सरोकार नहीं था; उनका विरोध निरीश्वरवादियों से था। वे समाज-सुधार और धर्म को एक साथ जोड़ने का प्रयास केवल इसलिए कर रहे थे, जिससे कि हमें कुचल सकें। यह एक ऐसा अवसर था, जिसमें विरोधियों ने हम पर प्रत्यक्ष प्रहार किए थे।"

पद से इस्तीफा

"विरोधियों ने हम पर गंभीर आरोप लगाए हैं। हमें उनका प्रत्युत्तर देना होगा, अन्यथा वे इसे हमारी कमजोरी समझ लेंगे।" एनी बेसेंट व्यग्र थीं।

ब्रैडलॉफ कुछ सोचते हुए बोले, "मैं तुम्हारी बात का समर्थन करता हूँ। हमें इसके लिए कोई ठोस कदम उठाना होगा।"

"मैंने सोच लिया है कि हमें उन्हें कैसे करारा जवाब देना है।" एनी का स्वर विश्वास और उत्साह से परिपूर्ण था।

ब्रैडलॉफ ने प्रश्नसूचक नजरों से देखते हुए पूछा, "कैसे?"

"विरोधयों ने नोल्टन पुस्तिका की आड़ में हम पर आरोप लगाए हैं। उसी पुस्तिका का प्रकाशन करके हम उन्हें जवाब देंगे। इससे लोगों को तर्क-वितर्क करने का अवसर प्राप्त होगा।"

"लेकिन यह कैसे संभव है? हम नेशनल सेक्युलर सोसाइटी के सदस्य हैं। नोल्टन प्रकाशित करके हम स्वयं विरोधियों के आरोपों को सही साबित कर देंगे।" ब्रैडलॉफ ने असहमति जताई।

''हम अपने पद से त्यागपत्र देने के बाद नोल्टन प्रकाशित करेंगे। इससे संस्था पूरी तरह से अलग रहेगी और उस पर कोई आँच नहीं आएगी।'' एनी ने योजना की रूपरेखा बताई।

''तुम्हारी योजना सराहनीय है। लेकिन प्रतिबंधित होने के कारण पुस्तिका को बेचने के लिए कौन तैयार होगा?'' ब्रैडलॉफ ने अगला प्रश्न किया।

''उसके प्रकाशन से विक्रय तक का दायित्व हम दोनों वहन करेंगे।''

एनी बेसेंट की सूझबूझ देखकर ब्रैडलॉफ हतप्रभ रह गए। फिर अगले ही दिन दोनों ने अपने-अपने पदों से त्यागपत्र दे दिया।

नोल्टन का प्रकाशन

''मानव-समाज के कल्याण के लिए सभी विचारों पर—चाहे वे सैद्धांतिक हों, राजनीतिक हों या सामाजिक—खुलकर तर्क-वितर्क किया जा सके, इसी उद्देश्य से हम यह पुस्तिका पुनः प्रकाशित कर रहे हैं। निजी रूप से हम नोल्टन की सभी बातों के समर्थक नहीं हैं; डॉक्टरी ज्ञान न होने के कारण भी हम उनका पक्ष या विपक्ष नहीं ले सकते। परंतु उचित मूल्यांकन और विचार-विनिमय के लिए विचारों का मनन-चिंतन-मंथन आवश्यक है। ऐसा तभी संभव है जब विचारों को स्वतंत्र आधार प्रदान किया जाए। इसके विपरीत दबा देने पर उनका आदान-प्रदान असंभव हो जाएगा। हम इस पुस्तिका में सारी सर्वसम्मतियाँ प्रकाशित करने का दावा करते हैं, जिससे समाज—उपलब्ध सामग्रियों के विभिन्न पक्षों के संदर्भ में—सही निष्कर्ष पर पहुँच सके। विचारों के घर्षण से निस्संदेह सत्य का उदय होगा।''

एनी बेसेंट ने उपर्युक्त टिप्पणी नोल्टन पुस्तिका की भूमिका में लिखी थी। इसमें उन्होंने रूढ़िवादियों और प्रगतिवादियों के बीच स्वतंत्र रूप से तर्क-वितर्क का समर्थन किया गया था। पुस्तिका के विक्रय के लिए उन्होंने एक छोटी सी दुकान भी किराए पर ले ली।

विरोध का बिगुल

'सरकार द्वारा प्रतिबंधित पुस्तक का प्रकाशन कानून का उल्लंघन है, जोकि अपराध की श्रेणी में आता है।'—एनी यह तथ्य जानती थीं। उन्हें इसका भी ज्ञान था कि कानून तोड़ने पर उन्हें सजा भोगनी पड़ सकती है। परंतु वे सरकार से टकराने को

तैयार थीं। एक दिन पूर्व चीफ मजिस्ट्रेट, पुलिस अधीक्षक और सरकारी वकील को पुस्तिका की कुछ प्रतियाँ तथा नोटिस भेजकर उन्होंने सूचित किया, ''कल प्रात: से हम इसका विक्रय आरंभ करेंगे। प्रतिदिन 10 से 11 बजे के बीच हम दुकान पर ही उपस्थित रहेंगे। यह सूचना केवल इसलिए दी जा रही है, जिससे हमारे विरुद्ध कोई काररवाई करने में आपको असुविधा न हो।''

यह पहला ऐतिहासिक अवसर था, जब कानून तोड़ने के लिए उद्यत विद्रोही कानून के रक्षकों को पूर्व सूचना दे रहे थे; वह भी निजी स्वार्थ के लिए नहीं, अपितु रूढ़िवादिता के विरोध व सामाजिक न्याय की स्थापना के लिए।

इस विषय में ब्रेडलॉफ ने लिखा था, ''कानून तोड़ने से पूर्व चेतावनी देने का विचार एनी बेसेंट का था। प्रतिबंधित पुस्तक का प्रकाशन और विक्रय करना कानूनन अपराध था, लेकिन वे इसे आपराधिक कार्य नहीं मानती थीं। यद्यपि उन्हें बदनामी से डर लगता था; इससे मेरी संसद् की सदस्यता भी खतरे में पड़ सकती थी। लेकिन वे सत्य की अनुयायी थीं; छिपकर कार्य करना उनकी दृष्टि में अनुचित था। यही कारण था कि वे खुलकर विचार-विमर्श तथा विरोध करने में विश्वास करती थीं।''

गिरफ्तारी और रिहाई

पुनर्मुद्रित नोल्टन अपने मूल रूप में प्रकाशित हुआ था; उसमें आपत्तिजनक सामग्री नदारद थी। इसलिए सरकार काररवाई करने से झिझक रही थी। इससे ईसाई मतावलंबी भड़क उठे। वे कड़ी काररवाई करने के लिए सरकार पर दबाव बनाने लगे। अंतत: 6 अप्रैल, 1835 को एनी बेसेंट और ब्रेडलॉफ को गिरफ्तार कर लिया गया। लेकिन संकट की इस घड़ी में वे अकेले नहीं थे। उनका साथ देने के लिए विभिन्न देशों के लेखक, दार्शनिक और प्रगतिवादी विचारक उठ खड़े हुए। इसके अतिरिक्त निम्नवर्ग के लोग भी उनके साथ थे। उनके विरोध के समक्ष अंतत: सरकार को झुकना पड़ा और 17 अप्रैल को बिना जमानत लिए उन्हें रिहा कर दिया गया। अब वे स्वतंत्र रूप से अपना मुकदमा लड़ सकते थे।

लॉ ऑफ पॉपुलेशन

जिस कोर्ट में मुकदमा चल रहा था, उसकी जूरी के कुछ सदस्य अभियुक्तों के पक्षधर थे। उनका मत था कि 'दोनों उत्साही सुधारक समाज के एक वर्ग-विशेष

के कल्याण के लिए अनुशासित रूप से कार्यरत हैं। इसलिए उनके विरुद्ध कानूनी काररवाई करना तर्कसंगत नहीं है।' लेकिन शेष सदस्य उनसे सहमत नहीं थे। अत: मुकदमा कई महीनों तक अनिर्णीत चलता रहा।

इसी बीच एनी ने एक पुस्तक लिखी, जो नोल्टन पुस्तिका के तीसरे महत्त्वपूर्ण बिंदु 'जनसंख्या का नियम' पर आधारित थी। उन्होंने इसका नाम रखा—'लॉ ऑफ पॉपुलेशन'।

पुस्तक में उन्होंने 'परिवार नियोजन' पर अपने प्रगतिवादी विचारों द्वारा प्रकाश डाला था। उन्होंने लिखा, "समाज के कुछ वर्ग सोचते हैं कि परिवार नियोजन निरीश्वरवादियों का अस्त्र है, जिससे वे समाज का वर्तमान ढाँचा बदलना चाहते हैं। इससे उनका अभिप्राय ईसाई धर्म के पतन से है। मैं उन्हें बताना चाहती हूँ कि उनकी सोच धार्मिक संकीर्णता और रूढ़िवादिता पर आधारित है। वस्तुत: परिवार नियोजन का कार्यक्षेत्र सामाजिक है। यह समाज के निम्नवर्गीय लोगों के स्तर में सुधार करेगा। समयानुसार विवाह और विवाह के बाद आय के अनुसार संतान-उत्पत्ति—परिवार नियोजन के अंतर्गत इन दो महत्त्वपूर्ण बिंदुओं का अनुसरण करने से न सिर्फ निर्धनता का अंत होगा, बल्कि यौन-संबंध भी नियंत्रित होंगे। हमारा कथन है कि समाज के सभी वर्गों द्वारा इसे समान रूप से स्वीकारना चाहिए; किसी धर्म-विशेष का इससे कोई सरोकार नहीं है।"

पुस्तक में दिए गए अकाट्य तर्कों द्वारा एनी ने जनसमुदाय में फैली भ्रांतियों को छिन्न-भिन्न करके रख दिया था; उन्होंने सामाजिक दृष्टिकोण से इसकी उपयोगिता का उल्लेख किया था।

जैसाकि उम्मीद थी, पुस्तक अत्यंत लोकप्रिय हुई। इसकी रिकॉर्ड-तोड़ बिक्री ने परिवर्तन के लिए उद्यत लोगों की भावनाओं को उजागर कर दिया।

सत्य की जीत

दबाव के कारण सरकार ने 'नोल्टन' के साथ-साथ 'लॉ ऑफ पॉपुलेशन' भी प्रतिबंधित कर दी, परंतु वह इसे स्थायी नहीं कर सकी। सुप्रीम कोर्ट के चीफ जस्टिस ने मुकदमे का निर्णय सुनाते हुए कहा, "यह ऐसा विषय है, जिसे समाज में निंदनीय माना जाता है। यही कारण है कि लोग सार्वजनिक रूप से इसकी चर्चा करने से डरते हैं; उनमें अपने दृष्टिकोण को व्यक्त करने का साहस नहीं है। लेकिन समाज के शिक्षित वर्ग—जो पुरातन रीति-रिवाजों व मान्यताओं को नहीं मानते तथा जिनमें

सोचने-समझने की शक्ति है—को परिवार नियोजन के संबंध में शिक्षित करना अनुचित नहीं है। समाज-कल्याण के लिए इसका प्रचार करनेवाले सम्मान के पात्र हैं। ऐसे सम्मानीय प्रचारकों पर अभियोग लगाना उनके उद्देश्य की पवित्रता को ठेस पहुँचाना है। जूरी के माननीय सदस्य पुस्तक में ऐसा कुछ भी नहीं देखते, जो किसी दृष्टि से आपत्तिजनक अथवा समाज के लिए हानिकारक है। अतः पुस्तक को प्रतिबंध की सीमा से बाहर करते हुए हम इसके प्रकाशन और बिक्री की अनुमति देते हैं।''

निर्णय के समय एनी बेसेंट अदालत में ही उपस्थित थीं। एक पल के लिए उन्हें अपने कानों पर विश्वास नहीं हुआ; वे अचंभित खड़ी रहीं। सहसा उनकी आँखों में आँसू उमड़ आए। जिस विश्वास और धैर्य के साथ उन्होंने परिस्थितियों का सामना किया था, उसमें वे खरी उतरी। उनके मुख से इतना ही निकला, ''यह मेरी नहीं, सत्य की जीत है।''

मुकदमे के बाद एनी ने 'मैल्थूजियन लीग' की सदस्यता ले ली, जिसका उद्देश्य 'जनसंख्या की समस्या से संबंधित तर्क-वितर्क पर पाबंदी हटाना और लोगों को इसकी जानकारी देना था। एनी बेसेंट लीग की सेक्रेटरी बनकर इसके उद्देश्य को जनसमुदाय में फैलाने लगीं।

❑

16

शिक्षा एवं शिक्षण

तत्कालीन समाज में नारी की स्थिति शोचनीय थी। कहने को विकसित यूरोप का वातावरण खुले विचारों से ओत-प्रोत था, लेकिन वहाँ भी नारी की स्थिति किसी पिछड़े देश की नारी से बेहतर नहीं थी। उसे पुरुष की अधीनस्थ समझा जाता था। उसके अधिकारों एवं इच्छाओं का निर्णय उसका पति करता था। ऐसे पुरुष-प्रधान समाज में एनी बेसेंट ने चर्च का बहिष्कार कर एक ओर सड़ी-गली रूढ़िवादिता का विरोध किया, तो दूसरी ओर अपने अधिकारों के लिए कानूनी लड़ाई भी लड़ी। दोनों स्थितियों में पुरातन नियमों को चुनौती देते हुए उन्होंने समाज के कट्टरपंथियों का डटकर मुकाबला किया।

उन दिनों लंदन में नारी-शिक्षा के अवसर बहुत सीमित थे। उनकी शिक्षा चर्च द्वारा चलाए जाने वाले स्कूलों पर निर्भर थी, जिनमें स्कूली पढ़ाई की अपेक्षा धार्मिक तथा व्यावहारिक ज्ञान ज्यादा दिया जाता था। यदि कोई लड़की निजी स्कूल में शिक्षा प्राप्त कर लेती थी, तो भी आगे के दरवाजे उसके लिए पूरी तरह से बंद होते थे। लंदन यूनिवर्सिटी इसका सबसे बड़ा उदाहरण थी, जिसमें लड़कियों को प्रवेश नहीं मिलता था। लेकिन पिछले एक वर्ष से यूनिवर्सिटी ने इस नियम में कुछ ढील दी थी।

एनी बेसेंट की लड़ाई केवल धर्म के विरुद्ध अथवा निजी हितों के लिए नहीं थी, वरन् वे समाज के प्रत्येक वर्ग को सजग करना चाहती थीं। स्वयं नारी होने के कारण नारी की पीड़ा उनसे छिपी नहीं थी। उन्हें यह भी ज्ञात था कि नारी समाज का उत्थान केवल शिक्षा द्वारा संभव है। 'शिक्षित नारी अपने अधिकारों के प्रति सजग होकर आत्मनिर्भर बने'—यह सोचकर एक आदर्श प्रस्तुत करने के उद्देश्य से उन्होंने उच्च शिक्षा अर्जित करने का निश्चय किया।

विज्ञान का अध्ययन

एनी बेसेंट कानून की पढ़ाई करना चाहती थीं, जिससे असहाय लोगों तथा नारी-समुदाय की सहायता कर सकें। लेकिन बाद में उन्होंने अपना इरादा बदलकर

विज्ञान में डिग्री करने का निश्चय किया। दाखिले के लिए विज्ञान तथा गणित सहित पाँच विषयों में मैट्रिक करना आवश्यक था। अतः सर्वप्रथम उन्होंने मैट्रिक की परीक्षा उत्तीर्ण की। तदनंतर सन् 1879 में वे विज्ञान का अध्ययन करने लगीं। उसमें कैमिस्ट्री, बॉटनी, बायोलॉजी तथा गणित जैसे कठिन विषय शामिल थे।

सन् 1880 में एनी ने अथक परिश्रम और लगन से इन विषयों को प्रथम श्रेणी से उत्तीर्ण किया। इतना ही नहीं, गणित सहित कैमिस्ट्री व बॉटनी में उन्होंने सर्वोच्च अंक प्राप्त किए। देखते-ही-देखते वे प्रोफेसरों की प्रिय छात्रा बन गईं। उन्होंने ऐसी लगनशील छात्रा पहले कभी नहीं देखी थी। यही कारण है कि उन्हें प्रोत्साहित करते हुए वे उनकी सहायता को सदैव तैयार रहते थे।

परीक्षक का विद्वेष

सन् 1881; कैमिस्ट्री का प्रैक्टिकल चल रहा था। दूसरे विद्यार्थियों के साथ एनी बेसेंट भी परीक्षा के लिए तैयार थीं। पिछले सभी विषयों के पेपर अच्छे गए थे। अब उनका लक्ष्य अधिक-से-अधिक अंक अर्जित कर कैमिस्ट्री में पुनः सर्वोच्च स्थान प्राप्त करना था।

"तुम वही नास्तिक एनी बेसेंट हो, जो सार्वजनिक रूप से धर्म का अपमान करती है?" परीक्षा के दौरान परीक्षक ने सहसा पूछा।

प्रश्न के तीखेपन को सहन करके एनी शांत स्वर में बोलीं, "जी हाँ, आपने ठीक पहचाना।"

"तुम्हें तो नास्तिक लोगों के बीच होना चाहिए था; यहाँ क्या कर रही हो? कहीं तुम यहाँ भी नास्तिकता का जहर तो नहीं फैलाना चाहती?" परीक्षक कटाक्ष भरे स्वर में बोला।

एनी बेसेंट ने जैसे-तैसे स्वयं को सँभाला और बात अनसुनी करके परीक्षा देने में जुट गईं।

धर्मांध होने के कारण परीक्षक उनसे घृणा करता था। उनके निरीश्वरवाद व सार्वजनिक कार्यों का वह घोर आलोचक था। उसने एनी की चुप्पी को कमजोरी समझ लिया और व्यंग्य भरे स्वर में बोला, "प्रगतिवाद की आड़ में तुम लोग अपना उल्लू सीधा कर रहे हो। मेरे विचार में तुम जैसे नास्तिकों को शहर से बाहर निकाल देना चाहिए। समझ नहीं आता कि धर्म का अपमान करने पर भी तुम्हें यूनिवर्सिटी में दाखिला कैसे दे दिया गया!"

इस बार एनी बेसेंट के लिए चुप रहना कठिन हो गया। वे करारा जवाब देते हुए बोलीं, ''धर्म को शिक्षा के साथ जोड़ने का कार्य संकुचित मानसिकता वाले ही करते हैं। इसी संकीर्ण सोच ने आज समाज के प्रत्येक क्षेत्र को विकृत कर दिया है। निरीश्वरवादियों ने समाज की इस गंदगी को साफ करने का बीड़ा उठाया है। ईश्वर की आड़ में छिपकर हम असामाजिक कृत्य नहीं करते, वरन् सत्य उजागर करते हुए लोगों को जागरूक करते हैं। हमारा प्रगतिवाद पुरातन नियमों, कट्टरवाद, रूढ़िवादिता या स्वार्थ पर आधारित नहीं है। इसमें घृणा या ईर्ष्या जैसे तत्त्वों का पूर्णतया अभाव है, जोकि धर्म के ठेकेदारों में कूट-कूटकर भरा हुआ है।''

अन्य विद्यार्थी प्रत्युत्तर के लिए परीक्षक की ओर देखने लगे। लेकिन उसके पास एनी की बातों का कोई जवाब नहीं था। उसकी स्थिति हास्यास्पद हो गई थी। झेंप मिटाने के लिए वह ऊँचे स्वर में बोला, ''मिसेज एनी बेसेंट! तुम्हें इस असभ्यता का परिणाम भुगतना पड़ेगा। तुमने कितना भी अच्छा प्रैक्टिकल क्यों न किया हो, परंतु मैं तुम्हें कभी उत्तीर्ण नहीं करूँगा।''

परीक्षक के इसी विद्वेष के कारण एनी बेसेंट कैमिस्ट्री के प्रैक्टिकल में तीन बार अनुत्तीर्ण हुईं। तभी उन्होंने ऐसे कॉलेज की स्थापना का निश्चय कर लिया, जहाँ उनके अपने नियम और सिद्धांत हों।

शिक्षण का दायित्व

डॉ. एवलिंग लंदन यूनिवर्सिटी में विज्ञान के प्रोफेसर थे। परंतु स्वतंत्र विचार के समर्थक होने तथा उसका प्रचार-प्रसार करने के कारण उन्हें अपने पद से हाथ धोना पड़ा। तदंतर उनकी आर्थिक स्थिति दिन-प्रतिदिन खराब होती गई। एनी बेसेंट उनसे भली-भाँति परिचित थीं। अपने निश्चय को मूर्त रूप देने के लिए उन्होंने डॉ. एवलिंग से भेंट की। शीघ्र ही दोनों के संयुक्त प्रयासों से विज्ञान से संबंधित एक संस्थान की स्थापना हुई। उसकी सामान्य कक्षाएँ 'हॉल ऑफ साइंस' में लगती थीं। एवलिंग ने प्रयोगशाला के लिए अपना दो कमरों का मकान दे दिया था, जहाँ विद्यार्थी उनकी देखरेख में विभिन्न प्रयोग करते थे। शिक्षकों को दिए जानेवाले वेतन की व्यवस्था विभिन्न संस्थाओं के सहयोग से की जाती थी। एनी स्वयं भी विद्यार्थियों को पढ़ाती थीं। धीरे-धीरे छात्र-छात्राओं की संख्या बढ़ने लगी। यद्यपि इस दौरान उन्हें आर्थिक समस्याओं का सामना भी करना पड़ा, लेकिन वे जैसे-तैसे शिक्षण-कार्य करती रहीं।

❑

17

ऑवर कॉर्नर

'नेशनल रिफॉर्मर' में काम करते समय एनी बेसेंट ने 'प्रेस' की उपयोगिता और उसके प्रभाव को निकट से देखा। उनका मानना था, "समाचार पत्र वह सशक्त हथियार है, जो तलवार से अधिक तीखा वार करता है; लोगों के हृदय को कचोटकर उन्हें गहराई से सोचने के लिए विवश कर देता है। इसका प्रभाव गाँवों में भी देखा जा सकता है, जहाँ प्रात:काल समाचार पत्र पढ़ना लोगों की दिनचर्या में सम्मिलित है। समाचार पत्र की उपयोगिता इसी से स्पष्ट है कि यह पल भर में विशाल जनसमुदाय की सोच को एक साथ प्रभावित करता है। मेरी दृष्टि में विचारों को व्यक्त करने तथा उन्हें लोगों तक पहुँचाने का इससे अच्छा साधन कोई और नहीं हो सकता।"

इस प्रभाव के कारण ही सन् 1882 में एनी बेसेंट ने 'ऑवर कॉर्नर' नामक एक समाचार पत्र आरंभ किया। उपन्यास, कहानियों, कविताओं, यात्रा-वृत्तांतों, राजनीति तथा विज्ञान से भरा-पूरा इसका प्रथम अंक सन् 1883 में प्रकाशित हुआ।

'ऑवर कॉर्नर' के रूप में एनी को विचारों की अभिव्यक्ति का नया साधन मिल गया। अब वे स्वतंत्र रूप से समाज को अपने प्रगतिशील विचारों से अवगत कराने लगीं। पत्र के लेखन और संपादकीय दायित्व उन्होंने स्वयं उठा लिए थे, इसलिए उन पर काम का बोझ बढ़ गया। परंतु फिर भी चेहरे पर शिकन लाए बिना वे निरंतर कार्यरत रहीं। कुछ वर्षों बाद विभिन्न गतिविधियों में उलझ जाने के कारण उन्होंने 'ऑवर कॉर्नर' का प्रकाशन बंद कर दिया।

'लोफर' से मित्रता

एक बार एक संस्थान में सभा आयोजित की गई, जिसमें व्याख्यान देने के लिए विचारकों को आमंत्रित किया गया। उन विचारकों में चार्ल्स ब्रैडलॉफ का नाम भी था। व्याख्यान सुनने के लिए एनी बेसेंट भी सभा में उपस्थित थीं। यहाँ उनकी भेंट महान् विचारक, साहित्यकार व कलाप्रेमी जॉर्ज बर्नार्ड शॉ से हुई। इस रोचक भेंट का उल्लेख करते हुए उन्होंने अपनी जीवनी में लिखा है, "वहाँ ब्रैडलॉफ के

अतिरिक्त चार विचारक और भी थे। उनमें एक रूसी, एक जर्मन, एक यहूदी तथा एक अंग्रेज था। उनमें अंग्रेज वक्ता सबसे अलग था। हँसमुख स्वभाव का वह व्यक्ति स्वयं को 'लोफर' कहकर संबोधित कर रहा था। मैंने सुना था कि उसके मंचीय भाषण बहुत प्रसिद्ध हैं। व्याख्यान के दौरान अपने जीवन के शर्मनाक पहलुओं की खुलकर चर्चा करने में भी उसे कोई झिझक नहीं थी। बाद में मुझे ज्ञात हुआ कि वे बर्नार्ड शॉ हैं। पहली बार देखने में वे मुझे धूर्त, चालाक और धोखेबाज नजर आए। लेकिन बाद में 'लोफर' ने मुझे बहुत प्रभावित किया। वे एक सिद्धांतप्रिय निर्धन लेखक थे। आदर्शों और विवेक से समझौता करने की अपेक्षा उन्हें भूखा रहना अधिक प्रिय था। स्वयं को 'लोफर' कहना उनकी महानता और सौजन्यता का एक अंग था। वे समाजवाद के लिए पूरी तरह समर्पित थे।''

कुछ ही दिनों में वे दोनों प्रगाढ़ मित्र बन गए। बर्नार्ड शॉ की साहित्यिक और कला-प्रतिभा से एनी बेसेंट परिचित थीं। उनके प्रयासों से शॉ ने 'नेशनल रिफॉर्मर' में 'कला-विशेषज्ञ' का पद सँभाल लिया। एनी ने न केवल उनकी पुस्तकों के प्रकाशन में सहयोग दिया, वरन् पारिश्रमिक की व्यवस्था कर उनकी आर्थिक सहायता भी की। एनी के महान् व्यक्तित्व से बर्नार्ड शॉ अभिभूत थे और उनकी प्रशंसा करते हुए अकसर कहते थे, ''त्रासदियों से जूझती मिसेज बेसेंट प्रतिभा-संपन्न महिला थीं। उनके जीवन में हास-परिहास का कोई स्थान नहीं था। यद्यपि उसके प्रति उनका दृष्टिकोण सकारात्मक था, लेकिन वे सत्य को कभी मजाक की तरह नहीं लेती थीं। अन्याय सहना उन्हें स्वीकार्य नहीं था। ऐसी स्थिति में उनका शांत स्वभाव क्रोध एवं सक्रिय प्रतिरोध में बदल जाता था। वे शीघ्र निर्णय लेने तथा जनहित से संबंधित किसी भी आंदोलन में कूद पड़ने वाली स्त्री थीं। उनमें वाक्-कला ईश्वरीय देन थी। जब वे व्याख्यान देती थीं, तो श्रोतागण अवाक् होकर सुनते थे।''

ब्लडी संडे

बर्नार्ड शॉ के साथ मिलकर एनी बेसेंट लोकतंत्र के समर्थकों तथा समाजवाद के अनुयायियों के बीच मध्यस्थता का कार्य कर रही थीं। इसके फलस्वरूप उन्होंने दोनों संगठनों को एकत्रित करके सन् 1887 के अप्रैल माह में 'पार्लियामेंटरी लीग' की स्थापना की। लीग के नियम और नीतियाँ उन्होंने स्वयं निर्धारित किए थे। लेकिन अथक प्रयासों के बाद भी यह एकता स्थिर नहीं रह सकी। बेरोजगार श्रमिकों के दल का नेतृत्व लोकतंत्रियों के हाथों में था। वे 'लीग' के नियमों को ताक पर रखते हुए

आंदोलन के नए-नए तरीके अपनाते थे।

एक बार चर्च का विरोध करने पर पुलिस ने एक श्रमिक नेता को बंदी बना लिया। इससे श्रमिक भड़क उठे। उन्होंने एक विशाल जुलूस की योजना बनाई, जिसे नाम दिया गया—'बेरोजगार चर्च परेड'। एनी बेसेंट इस प्रदर्शन के पक्ष में नहीं थीं। उन्होंने श्रमिक नेताओं को समझाने का प्रयास किया, लेकिन असफल रहीं। उन्होंने स्वयं को प्रदर्शन से अलग कर लिया।

इसी वर्ष 23 अक्तूबर; रविवार को ट्रैफल्गर स्क्वेयर नामक स्थान पर जोरदार प्रदर्शन हुआ। लाल-काले झंडों से लैस प्रदर्शनकारी तीव्र स्वर में सरकार-विरोधी नारे लगा रहे थे। धीरे-धीरे उनकी संख्या बढ़ने लगी। स्थिति अनियंत्रित होते देख पुलिस ने बंदूकों के मुँह खोल दिए। कुछ ही देर में भीड़ तितर-बितर हो गई। तदनंतर पुलिस ने कुछ नेताओं को बंदी बना लिया। इस घटना पर समाचार पत्रों ने तीखी प्रतिक्रिया व्यक्त की। एनी ने भी 'ऑवर कॉर्नर' द्वारा सरकार पर व्यंग्यात्मक टिप्पणी की।

श्रमिक दल चुप बैठनेवाला नहीं था। उसने धमकी दी कि रविवार 13 नवंबर को वे विरोधस्वरूप प्रदर्शन करेंगे। सरकार ने तत्परता दिखाते हुए एक दिन पहले ही जुलूस पर प्रतिबंध लगा दिया। परंतु इस बार सोशलिस्ट लीग सहित अन्य संस्थाएँ भी उनके साथ थीं। उन्होंने ट्रेफल्गर स्क्वेयर तक मार्च का निश्चय किया।

निर्धारित दिन जुलूस निकाला गया। बर्नार्ड शॉ के बार-बार मना करने पर भी एनी बेसेंट उसमें सम्मिलित हुईं। पुलिस ने बर्बरता की पुनरावृत्ति करते हुए भीड़ पर गोलियाँ चला दीं। इस फायरिंग में अनेक लोग मारे गए, जबकि कई लोग घायल हुए; असंख्य लोग बंदी बनाकर जेलों में ठूँस दिए गए। इतिहास में यह घटना 'ब्लडी संडे इन ट्रैफल्गर स्क्वेयर' नाम से जानी गई।

अगले कुछ दिनों तक एनी बेसेंट धन एकत्रित कर लोगों की जमानतें करवाने में व्यस्त रहीं। उनके इस कार्य की प्रशंसा करते हुए ब्रैडलॉफ ने 'नेशनल रिफॉर्मर' में लिखा, ''उन्होंने असहाय और अभागे लोगों की भरपूर सहायता की। इसके लिए उन्हें पुलिस स्टेशन और कोर्ट के अनगिनत चक्कर लगाने पड़े। लेकिन कभी वे निराश नहीं हुईं और पूरे मनोयोग से अपना कार्य करती रहीं।''

इस घटना के बाद से एनी बेसेंट जनसाधारण में अत्यंत लोकप्रिय हो गईं।

□

18

गरीबों की मसीहा

"माचिस बनाने वाली 'ब्रायंट एंड मे' नामक अंग्रेजी फर्म ने अपने श्रमिकों की मजदूरी कम करने का निश्चय किया है। यद्यपि श्रमिक यूनियन मजदूरी बढ़ाने की माँग कर रही है और ऐसा न करने की स्थिति में हड़ताल की धमकी दे रही है। परंतु फर्म-प्रबंधकों ने स्पष्ट कह दिया कि हड़ताल होने की स्थिति में कंपनी पुराने श्रमिक निकाल देगी और नए मजदूरों के मिलने तक उत्पादन बंद रखेगी। इससे श्रमिकों की स्थिति डाँवाँडोल हो रही है।" 'जस्टिस' नामक पत्र में प्रकाशित इस रिपोर्ट ने एनी बेसेंट को उन हजारों महिला श्रमिकों के बारे में सोचने पर विवश कर दिया, जो उस कंपनी में काम करती थीं। उनकी शोचनीय स्थिति देखकर एनी का हृदय द्रवित हो उठा और उन्होंने शोषण का विरोध करते हुए उन्हें न्याय दिलाने का निश्चय कर लिया।

15 जून, 1888 को एनी बेसेंट ने एक प्रस्ताव पारित किया। उसमें उन्होंने लोगों से अपील की थी कि 'वे उन्हीं उत्पादकों का माल खरीदें, जो अपने श्रमिकों के हितों की रक्षा करते हैं।' इसके अतिरिक्त उन्होंने लेख के माध्यम से महिला श्रमिकों की समस्याओं और उनकी तत्कालीन दशा से लोगों को अवगत करवाया। इस लेख का शीर्षक था—'लंदन में सफेद गुलामी'।

महिला श्रमिकों की दयनीय दशा का उल्लेख करते हुए उन्होंने लिखा, "माचिस कंपनी में काम करने वाली महिलाएँ वस्तुतः गुलामी के वातावरण में जीवित हैं। उनका न सिर्फ आर्थिक शोषण किया जाता है, वरन् वे मानसिक रूप से भी पीड़ित हैं। कारखाने में साफ-सफाई अथवा स्वास्थ्य-संबंधी आवश्यकताओं का ध्यान नहीं रखा जाता। माचिस बनाते समय उनके हाथों में फ़ॉस्फोरस के बारीक कण लग जाते हैं। गंदे हाथों से भोजन करने पर वे कण शरीर में चले जाते हैं, जिससे उन्हें अनेक बीमारियाँ हो

जाती हैं। इस तरह वे भोजन के रूप में बीमारी ग्रहण कर रही हैं। चारों ओर से बंद कारखाने की रसायन-युक्त वायु में साँस लेने के कारण उनका स्वास्थ्य—विशेषकर दाँत—खराब हो रहे हैं। उन महिला श्रमिकों में पंद्रह से सत्रह वर्ष की आयु की लड़कियाँ भी हैं। सिर पर भारी पेटियाँ ढोने के कारण उनके बाल और रीढ़ की हड्डी पर बुरा प्रभाव पड़ता है। लेकिन इतने पर भी उनके दु:खों का अंत नहीं होता। निजी लाभ हेतु कंपनी के मालिक उन लड़कियों का शोषण कर रहे हैं। पैरों के गंदे होने, बैठने के स्थान पर गंदगी छोड़ने अथवा काम के दौरान माचिस खराब होने जैसी छोटी-छोटी बातों पर उनका वेतन काट लिया जाता है। जी-तोड़ मेहनत के बाद भी वे अपने परिवार का भरण-पोषण करने में असमर्थ हैं। ऐसे में यदि उन्हें 'सफेद गुलाम' कहा जाए तो कोई अतिशयोक्ति नहीं होगी। मैं लोगों से अपील करती हूँ कि वे उन्हीं उत्पादकों की माचिस खरीदें, जो अपने श्रमिकों से मानवता-युक्त व्यवहार करते हैं।''

इस बीच मजदूरी कम करने के मुद्दे पर महिला श्रमिकों ने हड़ताल कर दी। उन्हें पूरी उम्मीद थी कि 'ब्रिटिश ट्रेड यूनियन' उनका साथ देगी। लेकिन यूनियन ने कभी महिला श्रमिकों की सहायता नहीं की थी। उसका कार्यक्षेत्र केवल पुरुष-वर्ग तक सीमित था। उनके असहयोग तथा सही रणनीति के अभाव के कारण अंतत: हड़ताल विसफल हो गई।

वस्तुस्थिति के सही आकलन तथा सहायता के उद्देश्य से एनी बेसेंट कुछ सहयोगियों के साथ कारखाने में गईं। उन्होंने सोच लिया था कि यदि किसी श्रमिक को निकाला गया तो वे लोग उसके पारिश्रमिक की व्यवस्था करेंगे।

उनके आगमन का समाचार जंगल की आग की तरह वहाँ फैल गया। 'अच्छे-अच्छे विरोधियों को भी उन्होंने धूल चटवा दी है', महिलाएँ यह बात अच्छी तरह से जानती थीं। इतने महान् व्यक्तित्व को अपने बीच देख वे प्रसन्न हो उठीं। भोजनावकाश में वे उन्हें घेरकर अपनी-अपनी समस्याएँ बताने लगीं। उनके अपनत्व और स्नेह ने एनी बेसेंट को सराबोर कर दिया। उन्होंने गुलाब के साथ प्रत्येक महिला को 'लिंक' पत्रिका की एक-एक प्रति दी और स्नेह-युक्त स्वर में सिर्फ इतना ही कहा, ''सत्य, न्याय व नैतिकता कभी पराजित नहीं होते। इसलिए कभी हिम्मत मत हारो। स्वयं पर हमेशा विश्वास रखो; यही विश्वास आपको विजयी बनाएगा।''

उनसे प्रेरणा पाकर महिलाओं में नए उत्साह का संचार हुआ। अगले दिन लगभग सभी प्रमुख समाचार पत्रों ने इस घटना को भिन्न-भिन्न टिप्पणियों के साथ प्रकाशित किया।

प्रयत्नों में सफलता

एनी बेसेंट ने महिला श्रमिकों के साथ बैठकें कीं। उनका उद्देश्य शांतिपूर्ण तरीके से अपनी माँगें मनवाना था। लेकिन कंपनी के प्रबंधक उत्तेजित हो उठे और उन्होंने धमकी दे डाली, 'हड़ताल होने की स्थिति में कार्यरत सभी महिलाएँ निकाल दी जाएँगीं तथा उनके स्थान पर दूसरे क्षेत्रों से नई श्रमिकों की व्यवस्था की जाएगी। यदि ऐसा संभव नहीं हुआ तो कंपनी नॉर्वे या स्वीडन में स्थानांतरित कर दी जाएगी।'

परंतु इस बार उनका सामना एनी बेसेंट के साथ था, जिन्हें ऐसी परिस्थितियों से निबटने का अच्छा-खासा अनुभव था। उनके नेतृत्व में महिला श्रमिक हड़ताल करने लगीं। उनके खाने-पीने की व्यवस्था एनी बेसेंट ने सँभाल ली थी। इसके अतिरिक्त समाचार पत्रों में अपील प्रकाशित कर धन एकत्रित किया गया। इस बीच एनी सभी श्रमिकों को पुलिस के सरंक्षण में लेकर संसद् पहुँचीं और उच्च सरकारी अधिकारियों को अपना ज्ञापन सौंपा। उन्होंने हरसंभव सहायता का वचन दिया।

जल्दी ही कंपनी प्रबंधकों और श्रमिक प्रतिनिधियों के बीच दो दिवसीय कॉन्फ्रेंस हुई। अंततः दोनों पक्षों में समझौता हो गया। एनी बेसेंट के प्रयत्न सफल हुए; महिला श्रमिकों की सभी माँगें मान ली गईं। बाद में उन्होंने 'मैच-मेकर्स यूनियन' का गठन किया, जिसमें सर्वसम्मति से उन्हें अवैतनिक सेक्रेटरी चुना गया। उन्होंने धनी वर्ग से धन एकत्रित कर महिला श्रमिकों के लिए लायब्रेरी जैसी सुविधाओं से युक्त एक इमारत का निर्माण भी करवाया।

इसके बाद से एनी बेसेंट 'गरीबों की मसीहा' के रूप में पहचानी जाने लगीं।

चुनाव में विजय

सार्वजनिक क्षेत्र में सफलताओं एवं सामाजिक हित के कार्यों में संलग्न रहने के कारण एनी बेसेंट लोगों के बीच अपनी सशक्त पहचान बना चुकी थीं। उनके बढ़ते प्रभाव को देखते हुए 'जस्टिस' पत्रिका ने घोषणा कर डाली कि 'उन्हें लंदन स्कूल बोर्ड के वार्षिक चुनाव में खड़ा होना चाहिए। निस्संदेह इससे बोर्ड में अनेक प्रगतिवादी परिवर्तन होंगे।'

यद्यपि अभी तक एनी बेसेंट ने इस बारे में कुछ नहीं सोचा था, लेकिन इससे उन्हें शिक्षा के क्षेत्र में अनगिनत सुधार करने के अवसर मिल सकते थे। उनके लिए यह क्षेत्र नया नहीं था। वे कई वर्षों से बोर्ड की कार्यप्रणाली पर अपनी लेखनी चला

रही थीं। कानूनन बोर्ड के चुनाव में महिलाएँ सम्मिलित हो सकती थीं। अतः अक्तूबर आने तक वे चुनाव के लिए तैयार हो गईं। उन्होंने घोषणा की कि 'वे लंदन स्कूल बोर्ड का चुनाव लड़ेंगी।'

इस चुनाव में एनी बेसेंट सहित छह उम्मीदवारों ने अपने-अपने नामांकन पत्र भरे थे।

ईसाई धर्मावलंबी एनी के निरीश्वरवाद को भूले नहीं थे। इसलिए कमेटी के दो ईसाई सदस्यों ने अनेक तर्क देते हुए उनका नामांकन रद्द कर दिया। लेकिन महिला संगठनों के दबाव के चलते अंततः उन्हें नामांकन पत्र स्वीकारना पड़ा। परंतु विरोधी शांत बैठनेवालों में से नहीं थे। उन्होंने दूसरा पैंतरा आजमाया और एनी बेसेंट के नाम से ऐसे उत्तेजित करने वाले इश्तहार बाँटने लगे, जो उन्होंने कभी लिखे ही नहीं थे। एक प्रकार से उन्होंने उनकी राह में काँटें बिछा दिए थे।

नवंबर में चुनाव संपन्न हुए। जब परिणाम घोषित हुआ तो विरोधियों को धूल चटाते हुए एनी बेसेंट सर्वाधिक मतों से विजयी हुईं। उनकी राह में काँटें बिछानेवाले चारों खाने चित्त हो गए थे।

बोर्ड में सुधार

स्कूल प्रबंधन का विभाग एनी बेसेंट के अधीन था। उसमें अनेक ऐसे क्षेत्र थे, जिनमें सुधार आवश्यक था। गरीब परिवारों के बच्चे तथा बाल-मजदूर पेट की आग के चलते स्कूल से अनुपस्थित रहते थे। जिस समय उन्हें स्कूल में पढ़ना चाहिए, उस समय किसी कारखाने या सड़कों पर वे भूख मिटाने के लिए प्रयासरत रहते थे। उनकी दयनीय स्थिति से एनी द्रवित थीं। उनकी सहायता के लिए उन्होंने धन एकत्रित किया, जिसके फलस्वरूप हजारों भूखे बच्चों को स्कूल में ही भोजन दिया जाने लगा।

इसके अतिरिक्त एनी बेसेंट ने बोर्ड में निम्नलिखित सुधार किए—

- बोर्ड मीटिंग का समय तीन बजे से बढ़ाकर छह बजे किया गया, जिससे श्रमिक वर्ग भी उसमें सम्मिलित हो सके।
- विज्ञान और धर्म के साथ-साथ कला-संबंधी विषयों को पढ़ाने पर भी जोर देना।
- सार्वजनिक सभाओं के लिए विद्यालयों के मुफ्त प्रयोग पर प्रतिबंध।

- आवश्यक फीस को माफ करना, जिससे निर्धन व असहाय बच्चों को फीस के कारण स्कूल न छोड़ना पड़े।
- बोर्ड को चर्च के अतिरेक प्रभाव से मुक्त करना।
- आय–व्यय के अनुसार वार्षिक बजट तैयार करना।
- स्कूलों के लिए बाइबल देनेवाली फर्म की भुगतान राशि कम करना तथा कम आयवाली महिला श्रमिकों का पारिश्रामिक बढ़ाना इत्यादि।

यद्यपि एनी बेसेंट ने विभिन्न परिवर्तनों द्वारा सुधार के प्रयास किए थे, लेकिन वे चाहकर भी बोर्ड की कमेटियों के उच्चाधिकारियों का व्यवहार नहीं बदल सकीं। यही कारण था कि उनके पद–मुक्त होने के बाद अनेक सुधार रद्द कर दिए गए।

❑

19

थियोसॉफिकल सोसाइटी

एक ओर एनी बेसेंट धर्म की रूढ़िवादिता के विरुद्ध विद्रोह का स्वर मुखर कर रही थीं, तो दूसरी ओर 'थियोसॉफिकल' नामक एक संस्था विश्व भर में तेजी से अपनी जड़ें जमा रही थी। 17 नवंबर, 1875 को रूस की हेलेना पैट्रोव्ना ब्लैवत्स्की ने कर्नल हैनरी स्टील ऑल्कट नामक एक अमेरिकन के साथ मिलकर न्यूयॉर्क शहर में 'थियोसॉफिकल सोसाइटी' की स्थापना की थी।

'थियोसॉफी' ग्रीक भाषा के दो शब्दों 'थियोस' तथा 'सोफिया' से मिलकर बना है। हिंदू धर्म में इसका अर्थ है—'ब्रह्मविद्या'। यदि इसे परिभाषित किया जाए तो 'वह प्राचीन दर्शन, जो परमात्मा के विषय में चर्चा करे, सामान्यत: उसे थियोसॉफी कहा जाता है।' लेकिन हेलेना ब्लैवत्स्की ने सुनिश्चित परिभाषा द्वारा 'थियोसॉफी' शब्द को कभी सीमाबद्ध नहीं किया। उनके अनुसार, "सभी धर्मों एवं दर्शन का मूल आधार 'सत्य' है और यही सत्य थियोसॉफी है। थियोसॉफिकल सोसाइटी सभी भेदभावों से रहित ऐसे लोगों का समूह है, जो केवल सत्य का अन्वेषण करना चाहते हैं। संस्था के लिए सत्य के समक्ष व्यक्ति, समुदाय, वर्ग और धर्म गौण हैं। व्यक्तिगत अथवा वर्ग-विरोध का उसमें कोई स्थान नहीं है।"

सोसाइटी के उद्देश्य

आरंभिक दौर में थियोसॉफिकल सोसाइटी का उद्देश्य विश्व को संचालित करनेवाले प्रकृति के अज्ञात नियमों का अध्ययन, मनन, चिंतन व विश्लेषण तथा उससे प्राप्त ज्ञान को समाज में वितरित करना था। परंतु बाद के वर्षों में इसके उद्देश्य में कुछ नए लक्ष्य सम्मिलित हुए।

अंततः सन् 1896 में सोसाइटी के निम्नलिखित तीन प्रमुख उद्देश्य निर्धारित किए गए –

1. वर्ण, जाति, धर्म या लिंग आदि के भेदभावों को अस्वीकारते हुए समाज में 'विश्व-बंधुत्व' की भावना का विकास तथा सार्वभौम मातृभाव के अंतर्गत मानव जाति को केंद्रित करना।
2. सत्य के अन्वेषण के लिए विश्व के विविध धर्मों, प्रचलित दर्शन तथा विज्ञान के अध्ययन को प्रोत्साहित करना।
3. प्रकृति के अज्ञात नियमों तथा मानव में अंतर्हित शक्ति पर शोध करना।

'विश्व में एक सर्वव्यापी सत्ता है, जो समस्त सृष्टि की उत्पत्ति का मूल स्रोत है और इसके कण-कण में विद्यमान है'—विभिन्न अन्वेषणों तथा अध्ययन द्वारा सोसाइटी ने इस सिद्धांत को स्वीकारा था। इसके आधार पर उसने कुछ महत्त्वपूर्ण मान्यताओं का भी विश्लेषण किया। ये मान्यताएँ निम्नलिखित हैं –

- देवी-विधान
- कर्म सिद्धांत
- पुनर्जन्म
- विकास-क्रम
- मनुष्य का सूक्ष्म शरीर और उसकी रचना
- आत्मा की उन्नति का मार्ग और मनुष्य का भविष्य
- मृत्यु और उसके बाद की दशा
- जीवनमुक्त सिद्ध पुरुषों का अस्तित्व
- विचार और उनका प्रभाव

प्रतीक चिह्न

थियोसॉफिकल सोसाइटी के लिए एक विशेष चिह्न निर्धारित किया गया था, जो उसके उद्देश्यों और मान्यताओं का प्रतिबिंब प्रस्तुत करता है। चिह्न में दो त्रिभुज परस्पर मिलकर षट्कोण का आकार बनाते हैं। इसमें उत्तर दिशा की ओर शीर्षवाला त्रिभुज आध्यात्मिक जगत् का तथा दक्षिण की ओर शीर्षवाला त्रिभुज जड़ जगत् का प्रतीक है। इसके चारों ओर लिपटा हुआ सर्प अपने मुख द्वारा अपनी पूँछ को काटता

है। इसे जीवन की अमरता व ज्ञान का प्रतीक कहा गया है, जो कभी नष्ट नहीं होता। ऊपर छोटे से वृत्त में स्वस्तिक का चिह्न अनंत और सर्वव्यापी ज्ञान का द्योतक है। मस्तिष्क का प्रतीक लंब व समानांतर रेखा 'न' बिंदु पर मिलते हैं। यह 'जीवन' का प्रतीक है, जहाँ प्राणी अनुभव द्वारा जीवन और जगत् से शिक्षा ग्रहण करता है। क्रॉस विकास का परिचायक है। इसी का दूसरा अर्थ इंद्रियों को नियंत्रित करना है। इसका स्वस्तिक के चिह्न की तरह दिखाई देना जीवन की गति का द्योतक है। 'कर्मफल ईश्वर के हाथ में है'—क्रॉस का चिह्न मनुष्य को यह समझाते हुए सबकुछ भूलकर निरंतर आगे बढ़ने की प्रेरणा देता है। ऊपर 'ॐ' तथा नीचे अंकित 'सत्यान्नास्ति परो धर्मः' स्पष्ट करते हैं कि 'सत्य के अतिरिक्त कोई दूसरा धर्म नहीं है।'

आरंभ में सोसाइटी के सदस्यों की संख्या 16 थी, जिनमें महान् आविष्कारक 'थॉमस एडीसन' भी थे। जैसे-जैसे सोसाइटी का प्रभाव बढ़ता गया, विश्व के अनेक विचारक, दार्शनिक एवं बुद्धिजीवी इसकी ओर आकर्षित होने लगे। परिणामस्वरूप कुछ ही दिनों में सदस्य संख्या हजारों तक जा पहुँची। इसके अतिरिक्त विभिन्न देशों में इसकी शाखाएँ भी खुल गईं।

'थियोसॉफी' का प्रभाव

एक बार एनी बेसेंट 'स्टीड' नामक एक मित्र से मिलने उसके घर गईं। उस समय वह नजरें टिकाए एक पुस्तक पढ़ रहा था। उसकी तल्लीनता देख एनी ने पूछ लिया, "कौन सी पुस्तक पढ़ रहे हो?"

स्टीड चिहुँक उठा और हड़बड़ाते हुए बोला, "तुम कब आई?"

प्रश्न को अनदेखा कर एनी कुरसी पर बैठ गईं और हँसते हुए बोलीं, "जरूर कोई रोचक पुस्तक पढ़ रहे हो, तभी तुम्हें मेरे आने तक का एहसास नहीं हुआ।"

"तुम ठीक कह रही हो। यह पुस्तक वास्तव में बहुत रोचक है। जीवन-दर्शन का इसमें गहनतम ज्ञान वर्णित है।" स्टीड ने पुस्तक बंद करते हुए कहा।

"अच्छा!" यह कहकर उत्सुकतावश उन्होंने स्टीड के हाथ से पुस्तक ले ली

और पन्ने पलटने लगीं।

'द सीक्रेट डॉक्ट्रिन' पुस्तक का नाम पढ़कर एनी पल भर के लिए सोच में पड़ गईं। तदंतर लेखिका के नाम पर नजर पड़ते ही वे विस्मित हो उठीं, ''अरे! यह पुस्तक तो मैडम ब्लैवत्स्की ने लिखी है। मैंने इनके बारे में काफी कुछ सुना है। यह तुम्हारे पास कहाँ से आई?''

''उन्होंने ही इसके दोनों भाग भेजे हैं। तुमे पढ़ना चाहोगी?'' स्टीड ने प्रश्नसूचक नजरों से देखते हुए पूछा।

एनी बेसेंट को मैडम ब्लैवत्स्की और थियोसॉफिकल सोसाइटी के विषय में पूरी जानकारी थी। उन्होंने पत्रों में प्रकाशित होनेवाले उनके लेख और वक्तव्य भी पढ़े थे। लेकिन अभी तक वे उनके मत और विचारों को ठीक से समझ नहीं सकी थीं। 'इन पुस्तकों के अध्ययन से उनके विचारों को अच्छी तरह से जानने-समझने में सहायता मिलेगी', यही सोचकर उन्होंने स्टीड से 'द सीक्रेट डॉक्ट्रिन' के दोनों भाग ले लिए।

एनी बेसेंट पुस्तकों में गहराई से डूब गईं। अध्ययन का दौर जैसे-जैसे आगे बढ़ रहा था, वैसे-वैसे उनके मस्तिष्क की उलझनें सुलझती गईं। उन्हें विश्वास हो गया कि 'अब तक जिस 'दर्शन' का वे अनुसरण कर रही थीं, वह अपूर्ण है। वस्तुतः जीवन-दर्शन उनकी कल्पनाशक्ति से कहीं बढ़कर है और उसकी सटीक व्याख्या थियोसॉफी के रूप में की गई है।'

अध्ययन समाप्त होने तक उन्हें 'सत्य-प्राप्ति' का अनुभव होने लगा था। उन पर भी 'थियोसॉफी' का प्रभाव पड़ चुका था।

डॉक्ट्रिन की समीक्षा

पुस्तकों में वर्णित मैडम ब्लैवत्स्की के आध्यात्मिक विचारों ने एनी बेसेंट को अत्यंत प्रभावित किया। उन्होंने उनकी समीक्षा लिखते हुए कहा, ''सत्य का द्वार खुला रखनेवाले किसी भी तरह के मंथन के लिए प्रस्तुत रहते हैं; चाहे फिर वह एशिया का हो अथवा यूरोप का; चाहे पेरिस की भाषा में हो या भारत की बोली में। मिथ्या होने पर यह सम्मति स्वयं ही नष्ट हो जाएगी, किंतु यदि सत्य हो तो उसे आप उखाड़कर फेंक नहीं सकते। हमारा सतही परीक्षण इसका निश्चय नहीं कर सकता। इसके लिए गहराई में उतरना आवश्यक है। इस गहन परीक्षण से प्राप्त ज्ञान को ही

पुस्तकों में पिरोया गया है। ये पुस्तकें किसी लेखिका की काल्पनिक रचनाएँ नहीं, वरन् महान् दार्शनिक के वर्षों के चिंतन का ज्ञानरूपी निचोड़ है।''

ब्लैवत्स्की का प्रस्ताव

'द सीक्रेट डॉक्ट्रिन' की समीक्षा करने के बाद एनी बेसेंट ने ब्लैवत्स्की द्वारा लिखित सभी लेखों एवं प्रकाशित व्याख्यानों का अध्ययन कर डाला। उनके विचारों को वे जैसे-जैसे आत्मसात् कर रही थीं, वैसे-वैसे उनका मन उनसे मिलने को आतुर हो रहा था। एक दिन उन्होंने स्टीड के समक्ष भी अपनी इच्छा जाहिर कर दी, ''क्या तुम मुझे मैडम ब्लैवत्स्की से मिलवा सकते हो?''

स्टीड आश्चर्य-मिश्रित स्वर में बोला, ''तुम उनसे क्यों मिलना चाहती हो?''

''उनके अध्यात्म और दर्शन ने मुझे मोहित कर दिया है। उनके सिद्धांतों और लक्ष्य से मैं स्वयं को कहीं-न-कहीं संबद्ध देखती हूँ। उन्हें निकट से जानने के लिए ही मैं उनसे मिलना चाहती हूँ।''

''ठीक है, मैं उनसे तुम्हारी भेंट की व्यवस्था कर दूँगा।''

आश्वासन पाकर एनी के होंठों पर मुसकान थिरक गई।

कुछ दिनों बाद मैडम ब्लैवत्स्की के सामने बैठी एनी स्वयं को धन्य मान रही थीं। उन्हें महान् महिला विचारक से मिलने का सौभाग्य प्राप्त हुआ था। औपचारिक अभिवादन के बाद ब्लैवत्स्की मुसकराते हुए बोलीं, ''मैंने आपके और आपके द्वारा किए गए सामाजिक कार्यों के बारे में बहुत-कुछ सुना है। सच कहूँ तो मैं भी आपसे मिलना चाहती थी। 'द सीक्रेट डॉक्ट्रिन' की सकारात्मक समीक्षा लिखकर निस्संदेह आपने सराहनीय कार्य किया है।''

वे उनके बारे में जानती हैं, यह सुनकर एनी को अच्छा लगा। इसका अर्थ यह था कि मैडम ब्लैवत्स्की एक जागरूक महिला थीं, जो आसपास की गतिविधियों पर पैनी नजर रखती थीं।

''वस्तुतः आपकी पुस्तक एक अमूल्य रचना है, जिसने मुझे सम्मोहित-सा करके कुछ सिद्धांतों पर पुनः विचार के लिए विवश कर दिया है।'' एनी बेसेंट ने धीरे से उत्तर दिया।

''तो फिर आप थियोसॉफिकल सोसाइटी की सदस्य क्यों नहीं बन जातीं?''

एक पल के लिए एनी हड़बड़ा गईं। फिर संयत होकर बोलीं, ''आप किस

आधार पर निरीश्वरवादी को थियोफिस्ट बनने के लिए कह कर रही हैं?''

''क्योंकि थियोसॉफिकल को ईश्वरवाद या निरीश्वरवाद से कोई फर्क नहीं पड़ता। इसके सिद्धांत और लक्ष्य सभी मतावलंबियों के लिए अनुकरणीय हैं।''

''लेकिन मैं अभी तक इसके बारे में अनभिज्ञ हूँ मुझे सोचने-समझने के लिए कुछ समय चाहिए।''

ब्लैवत्स्की मुसकराते हुए बोलीं, ''थियोसॉफिकल सोसाइटी एक आध्यात्मिक संस्था प्रतीत होती है, लेकिन यह व्यक्तिगत मोक्ष या निर्वाण की अपेक्षा समाज-सेवा पर अधिक बल देती है। सांसारिक कर्मफलों के भार को हलका करना इसके सदस्यों की जीवन-साधना है। वैचारिक स्वतंत्रता इसकी आधारशिला है। यही कारण है कि सोसाइटी स्वयं को अन्य संस्थाओं से पृथक् रखती है। वास्तव में थियोसॉफिकल सोसाइटी 'विश्व-बंधुत्व' की प्रतीक है। इसके सदस्यों पर कोई विचार या मान्यता थोपी नहीं जाती। हर सदस्य को इसके सिद्धांतों को परीक्षण की कसौटी पर परखने के बाद स्वीकाराने या अस्वीकारने का अधिकार है। मैं चाहती हूँ कि तुम इन बातों को अच्छी तरह से जाँचने-परखने के बाद ही निर्णय लो। इससे तुम्हारा सोसाइटी के प्रति विश्वास कभी खंडित नहीं होगा।''

इसके बाद दोनों की भेंट यहीं समाप्त हो गई।

❑

20

थियोसॉफिस्ट

निरीश्वरवादी होने के कारण प्रारंभ में एनी बेसेंट थियोसॉफिकल सोसाइटी को धर्मांध लोगों का ऐसा समूह मानती थीं, जो नए-नए प्रपंच द्वारा लोगों को अपनी ओर आकर्षित कर रहा था। लेकिन सोसाइटी के सिद्धांतों और उद्देश्यों को जानने के बाद उनकी आँखों से भ्रम का परदा हट गया। 'द सीक्रेट डॉक्ट्रिन' पढ़ने और ब्लैवत्स्की से मिलने के बाद उनकी विचारधारा पूरी तरह से बदल गई; उन पर भी 'ब्रह्मवाद' का रंग चढ़ चुका था।

ब्लैवत्स्की ने एनी बेसेंट को 'थियोसॉफिस्ट' बनने के लिए आमंत्रित किया था। वे स्वयं भी यही चाहती थीं, परंतु यह इतना सरल नहीं था। ईसाई धर्म त्यागने के बाद वे पूरी तरह से निरीश्वरवादी हो गई थीं। इतना ही नहीं, विपरीत परिस्थितियों का सामना करते हुए उन्होंने अपने पक्ष में लोगों का संगठन भी खड़ा कर लिया था। लोगों का यह समूह उन पर अगाध विश्वास करता था। लेकिन अब थियोसॉफी स्वीकार कर वे उनके बीच विवाद का विषय बन सकती थीं; उन्हें अपने लोगों का विरोध झेलना पड़ सकता था। यही कारण था कि पिछले कई दिनों से वे बुरी तरह उलझी हुई थीं।

लेकिन जैसाकि उनका स्वभाव था, वे निर्णय लेकर उसे जल्दी व्यवहार में ले आती थीं। इसके लिए वे बड़ी-से-बड़ी मुसीबत का सामना करने के लिए भी तैयार थीं। इस बार भी उन्होंने जल्दी निर्णय लेकर उलझनों को एक ओर कर दिया।

10 मई, 1889; प्रात: 11 बजे एनी बेसेंट तेज कदमों से मैडम ब्लैवत्स्की के घर की ओर जा रही थीं। चेहरे पर व्याप्त तेज उनकी आंतरिक शक्ति को प्रतिबिंबित कर रहा था। उनकी दृढ़ता देखकर ऐसा लगने लगा मानो वे युग-परिवर्तन के लिए आतुर थीं।

''तुम यह निर्णय सोच-समझकर ले रही हो?'' ब्लैवत्स्की ने प्रश्न किया।

''मैंने भली-भाँति सोच लिया है। मेरे विचार में 'ब्रह्मवाद' सत्य की खोज में मेरा सहायक होगा। इसलिए 'थियोसॉफिस्ट' बनने में मुझे कोई आपत्ति नहीं है।'', एनी ने दृढ़ स्वर में उत्तर दिया।

भावनाओं के वेग से ब्लैवत्स्की की आँखों में आँसू उमड़ आए। वे केवल इतना ही बोलीं, ''तुम्हारा साथ पाकर मैं सुदृढ़ हो गई हूँ।''

तदनंतर आवदेन पत्र भरकर एनी बेसेंट ने उसी दिन थियोसॉफिकल सोसाइटी की सदस्यता ले ली।

'थियोसॉफिस्ट' बनने के बाद एक बार उन्होंने कहा था, ''ईसाई धर्म त्यागने के बाद मेरा रुझान अध्यात्म की ओर हुआ था। लेकिन जीवन की कठिनाइयों के कारण मैं अपनी मान्यताओं पर स्थायी नहीं रह सकी। मैडम ब्लैवत्स्की के संपर्क में आने के बाद मेरी सोई हुई मान्यताएँ पुनः जाग्रत् हो उठीं। उनके सान्निध्य ने मुझे अध्यात्म की ओर बढ़ने के लिए प्रेरित किया।''

इस घटना से विश्व भर में खलबली मच गई। किसी ने इसे उनकी कमजोरी बताया तो कोई इसे विखंडन की संज्ञा देने लगा। कुछ विचारकों की दृष्टि में यह नए परिवर्तन का आरंभ था तो कुछ ने यहाँ तक भविष्यवाणी कर दी कि 'शनैःशनैः एनी बेसेंट रोमन कैथोलिक हो जाएँगीं।'

एनी बेसेंट इन सबसे बेखबर नहीं थीं। परंतु इन प्रतिक्रियाओं को उन्होंने स्वयं पर हावी नहीं होने दिया। आरंभ से ही वे विरोध का सामना करती रही थीं; इस बार भी वे उनके बीच अडिग खड़ी रहीं।

ब्रैडलॉफ से मतभेद

'एनी थियोसॉफिस्ट हो गई हैं'—यह समाचार सुनकर ब्रैडलॉफ अचंभित रह गए। यद्यपि उन्हें इस पर विश्वास नहीं था, तथापि 'द सीक्रेट डॉक्ट्रिन' पर की गई उनकी समीक्षा ने सारी स्थिति स्पष्ट कर दी थी। उनके धर्म-परिवर्तन से ब्रैडलॉफ व्यथित हो उठे। उन्हें दुःख था कि यह कदम उठाने से पूर्व न तो एनी ने उनसे बात की और न ही सूचित किया। उनकी दृष्टि में एक प्रमुख 'निरीश्वरवादी' का 'थियोसॉफिस्ट' हो जाना घृणास्पद था। 'नेशनल रिफॉर्मर' में एक आलोचनात्मक लेख द्वारा उन्होंने रोष प्रकट करते हुए उनसे सफाई माँगी, ''ईश्वरवाद और थियोसॉफिस्ट का मूल आधार एक है। दोनों ईश्वरीय अस्तित्व को स्वीकारते हैं।

इसलिए ईश्वरवादी तो थियोसॉफिस्ट हो सकता है, परंतु ईश्वरीय अस्तित्व में अनास्था रखनेवाला एक निरीश्वरवादी कभी थियोसॉफी नहीं स्वीकारेगा। लेकिन एनी बेसेंट; जोकि ईश्वरवाद की प्रबल विरोधी थीं; ने 'थियोसॉफिकल' स्वीकार कर एक नया विवाद छेड़ दिया है। हम स्पष्टीकरण माँगते हैं कि किस आधार पर उन्होंने अपने विचारों और मत में परिवर्तन किया? क्या वे प्रारंभ से ईश्वरवादी हैं? यदि ऐसा है तो वे निरीश्वरवादी क्यों हुईं? क्या यह उस व्यक्तिगत द्वेष का परिणाम था, जो उनके और मिस्टर फ्रैंक बेसेंट के बीच था।''

लेख की भाषा कठोर थी; उसमें प्रत्यक्ष रूप से उनके पारिवारिक तनाव को उछाला गया था। एनी बेसेंट ने स्पष्टीकरण देने का निश्चय कर लिया। उन्होंने उत्तर देते हुए लिखा, ''यह सत्य है कि ईश्वरवाद और थियोसॉफिस्ट ईश्वर से संबंधित हैं। लेकिन सिद्धांतों, नियमों और मान्यताओं के आधार पर दोनों को एक समान मानना निश्चित ही काल्पनिक विचार है। स्पष्ट रूप से 'थियोसॉफी' अलग अवधारणा है। यह किसी भी धर्म-विशेष का प्रचार नहीं करती, बल्कि इसमें व्यक्तिगत ईश्वर निषेध है। इसका ब्रह्मवाद वस्तुतः सर्वेश्वरवाद का परिवर्तित रूप है। परंतु ईसाई धर्म की तरह इसे सदस्यों पर थोपा नहीं जाता। वे कोई भी धर्म स्वीकारने के लिए स्वतंत्र हैं। थियोसॉफिकल का उद्देश्य विश्व-बंधुत्व की स्थापना, आर्य साहित्य व दर्शन के अध्ययन को आगे बढ़ाना तथा प्रकृति के अस्पष्ट नियमों व मनुष्य की मनोवैज्ञानिक शक्तियों की खोज करना है। इन तीन उद्देश्यों की स्वीकृति इसकी सदस्यता के लिए पर्याप्त है। सांस्कृतिक रूप से संस्था द्वारा प्रचारित चिंतन पद्धति—विज्ञान, धर्म और दर्शन के संश्लेषण द्वारा आत्मचेतना के विकास की प्रेरणा प्रदान करती है। इसका लक्ष्य सत्य की खोज करते हुए ऐसे मानव समाज की स्थापना करना है जिसमें सेवा, सहिष्णुता, आत्मविश्वास और समत्व के भाव हों। प्रत्येक सदस्य को किसी भी धर्म, दर्शन, मत, गुरु या संस्था आदि से स्वयं को संबद्ध रखने का अधिकार है। इसलिए सोसाइटी में सभी मतावलंबियों का स्वागत है। अब सहज ही यह अनुमान लगाया जा सकता है कि इससे निरीश्वरवादी भी अछूता नहीं रहेगा।''

वैचारिक मतभेद होने के कारण ब्रैडलॉफ और एनी बेसेंट के बीच अलगाव पैदा हो गया; दोनों ने अलग-अलग रास्ते चुन लिए थे।

संस्थागत कार्य

ब्लैवत्स्की लंदन में थियोसॉफिकल की एक शाखा खोलना चाहती थीं। परंतु धनाभाव के कारण वे उसके लिए भवन अथवा इमारत खरीदने में असमर्थ थीं। जब

एनी बेसेंट को यह बात पता चली तो उन्होंने उन्हें अपना मकान समर्पित कर दिया। साथ ही लोगों से दान देने की अपील भी की। इसके फलस्वरूप उन्हें उदार धनाढ्य लोगों से पर्याप्त धन प्राप्त हुआ। इस धन से उनके आधे-अधूरे मकान को तैयार कर संस्था को हस्तांतरित कर दिया गया। अब यह थियोसॉफिकल सोसाइटी का प्रमुख केंद्र था। प्रत्येक बृहस्पतिवार को यहाँ ब्लैवत्स्की और एनी बेसेंट के व्याख्यान होने लगे, जिनमें संस्था के सदस्यों के साथ-साथ बाहरी लोग भी होते थे। धीरे-धीरे कई लोग प्रभावित होकर थियोसॉफिस्ट बनने लगे।

'निर्धारित उद्‌देश्यों के अंतर्गत थियोसॉफिकल सोसाइटी समाज-सेवा कर रही है'—यह बात ध्यान में रखते हुए महिलाओं के कल्याण हेतु एक व्यक्ति ने भरपूर दान दिया। इस धनराशि से एक पुराना मकान खरीदकर महिला-हॉस्टल, वाचनालय तथा मनोरंजन भवन बनाया गया। वहाँ लाइब्रेरी की सुविधा भी उपलब्ध कराई गई, जिसमें सोसाइटी से संबंधित पुस्तकों तथा साहित्य की भरभार थी। उसकी देखरेख का दायित्व एनी बेसेंट के कंधों पर था। वे पूरी निष्ठा के साथ अपनी जिम्मेदारी का पालन करने लगीं।

अलविदा ब्रैडलॉफ

अनेक वर्षों से हृदय और फेफड़ों के रोग से पीड़ित होने के बाद भी चार्ल्स ब्रैडलॉफ ने रोग को कभी स्वयं पर हावी नहीं होने दिया था। किंतु एनी बेसेंट से अलगाव के बाद वे बिलकुल अकेले पड़ गए। उनके आस-पास मित्रों का विशाल समूह था, लेकिन उनमें कोई भी एनी बेसेंट जैसा नहीं था। इसी कमी के कारण दिन-प्रतिदिन उनका स्वास्थ्य बिगड़ने लगा। सन् 1891 के आरंभिक महीने में उनकी तबीयत तेजी से खराब हुई। उन्हें दो बार दिल के दौरे भी झेलने पड़े। डॉक्टर उन्हें बचाने के लिए प्रयासरत थे, लेकिन मृत्यु की आहट उनके कानों में पड़ चुकी थी। अंततः बीमारी से जूझते ब्रैडलॉफ ने 30 जनवरी, 1891 को सदा के लिए आँखें मूँद लीं।

इस दुःखद अवसर पर एनी बेसेंट ने अपने मनोभाव प्रकट करते हुए कहा, "विभिन्न वैचारिक मतभेद के बावजूद मेरी और चार्ल्स ब्रैडलॉफ की मित्रता सोलह वर्षों तक रही। उनमें न्याय, शक्ति और कोमलता का भाव था। इसलिए मैं उनकी सबसे बड़ी प्रशंसक रही। उनके निधन से समाज को होने वाली क्षति को पूरा करना असंभव है, क्योंकि उनका स्थान कोई नहीं ले सकता।"

❑

21

मातृभूमि के दर्शन

थियोसॉफिस्ट बनने के बाद एनी बेसेंट संस्थागत कार्यों के लिए पूरी तरह से सक्रिय हो गईं। चूँकि सोसाइटी के लक्ष्य और सिद्धांत उनकी विचारधारा के अनुरूप थे, इसलिए प्रत्येक कार्य में बढ़-चढ़कर हिस्सा लेते हुए उन्हें आनंद, प्रसन्नता और आत्म-संतुष्टि का अनुभव होता था। उनकी कार्य-पद्धति और वाक्-कला से मैडम ब्लैवत्स्की भली-भाँति परिचित थीं। उन्होंने प्रचार-प्रसार का कार्यभार उन्हें सौंप दिया। उनके अथक परिश्रम से लंदन तथा उसके आस-पास के क्षेत्रों में थियोसॉफिकल सोसाइटी का तेजी से प्रसार होने लगा। वे सोसाइटी द्वारा आयोजित सभाओं में व्याख्यानों द्वारा लोगों को प्रभावित करने लगीं। धीरे-धीरे थियोसॉफिस्ट के रूप में उनकी लोकप्रियता विदेशों तक जा पहुँची। उन्हें व्याख्यान देने के लिए आमंत्रित किया जाने लगा। फिर शीघ्र ही वे विदेशी यात्राओं पर निकल पड़ीं।

एनी बेसेंट मूलतः आयरिश थीं और पैतृक भूमि के दर्शन करना चाहती थीं। यद्यपि अभी तक उन्हें आयरलैंड जाने का अवसर नहीं मिला था, लेकिन सन् 1890 में उनकी यह इच्छा पूर्ण हो गई। सोसाइटी की ओर से उन्हें व्याख्यान देने के लिए आयरलैंड भेजा गया। अक्तूबर माह के आरंभिक सप्ताह में जब जहाज ने आयरिश बंदरगाह पर पड़ाव डाला तो एनी की आँखों में नमी उतर आई। 'मातृभूमि सर्वोपरि' के सुखद अहसास से उनका रोम-रोम पुलकित हो उठा।

आयरलैंड के डब्लिन शहर में उन्होंने श्रोताओं के समक्ष 'मैं थियोसॉफिस्ट क्यों बनीं?' नामक व्याख्यान दिया। उसमें उन्होंने उन परिस्थितियों, कारणों व दर्शन का उल्लेख किया था, जिसके कारण वे थियोसॉफी की ओर आकर्षित हुईं। उन्होंने इस तथ्य पर बल दिया कि 'विश्व के सभी धर्मों का एकमात्र लक्ष्य 'परस्पर बंधुत्व की स्थापना' होना चाहिए। इस तथ्य को स्वीकार कर लेने पर सभी धर्म एक समान प्रतीत होंगे। ऐसी स्थिति में ईर्ष्या, द्वेष, प्रतिस्पर्धा तथा शक्ति-स्थापना जैसे विकार स्वयमेव समाप्त हो जाएँगे।'

डब्लिन के बाद उन्होंने बेलफास्ट की ओर प्रस्थान किया। वहाँ उन्होंने तीन महत्त्वपूर्ण व प्रभावशाली व्याख्यान दिए। 'नैतिकता की परिस्थिति' पर व्याख्यान देते

हुए उन्होंने कहा, ''किसी देश के लिए उसके नागरिकों का नैतिक होना अधिक जरूरी है। यही उसकी प्रगति का प्रमुख स्रोत है। जिस देश के नागरिक नैतिकता का पालन नहीं करते, वह शीघ्र पतन की ओर अग्रसर हो जाता है। स्मरण रहे, व्यक्तिगत जीवन में छल-कपट अथवा अनैतिक कर्म करनेवाला सामाजिक जीवन में भी अनैतिकता को बढ़ाएगा; मित्र व सगे-संबंधियों के साथ विश्वासघात करनेवाला राष्ट्र से भी गद्दारी कर सकता है। ऐसे लोग उस दीमक की तरह हैं, जो शनैःशनैः देश और समाज को खोखला कर देते हैं। इसलिए मनुष्य को पूरी निष्ठा के साथ नैतिकता का पालन करना चाहिए। उसका यही सकारात्मक आंतरिक परिवर्तन एक नए युग की रचना करेगा।''

समाचार पत्रों में उनके व्याख्यान मुख पृष्ठ पर प्रकाशित हुए। सबने एक सुर में उनकी प्रशंसा के पुल बाँध दिए थे। इस तरह विभिन्न स्थानों पर थियोसॉफी का प्रचार करके वे लंदन लौट आईं। आयरलैंड-यात्रा में उन्हें अपरिमित सफलता मिली थी।

व्यक्तित्व का जादू

सन् 1891 में अमेरिका के बोस्टन शहर में अध्यात्म, दर्शन और धर्म पर वार्षिक अधिवेशन आयोजित किया गया। इस अवसर पर विभिन्न देशों से अनेक विचारक, दार्शनिक तथा धर्म-प्रचारक आमंत्रित थे। अधिवेशन में सम्मिलित होने इंग्लैंड से भी एक दल अमेरिका जा रहा था। एनी बेसेंट की योग्यता व उपलब्धियों को देख ब्रिटिश सरकार ने उन्हें दल का प्रतिनिधि नियुक्त किया था। एनी बेसेंट के लिए यह सम्मान की बात थी। मन-ही-मन उन्होंने निश्चय कर लिया था कि वे अधिवेशन में अपना लोहा मनवाकर लौटेंगी।

एनी बेसेंट के आने की खबर बहुत पहले अमेरिका पहुँच चुकी थी। 3 अप्रैल, 1891 को न्यूयॉर्क बंदरगाह पर उतरते ही पत्रकारों और लोगों की भीड़ ने उन्हें घेर लिया। जहाँ तक नजर जाती थी, वहाँ तक जनसमुदाय उमड़ता दिखाई देता था। एनी बेसेंट अचंभित थीं; अमेरिका में उनका ऐसा भव्य स्वागत होगा, उन्होंने

इसकी कल्पना तक नहीं की थी। यह उनके अद्‌भुत व्यक्तित्व का परिणाम था, जिसने अमेरिकी लोगों को मोह लिया था।

इस घटना पर टिप्पणी करते हुए एक प्रमुख अमेरिकी समाचार पत्र ने लिखा, ''अमेरिकी धरती पर उनके कदम रखते ही मानो भूचाल आ गया। हर कोई उनके दर्शन के लिए व्याकुल था। अमेरिकी इतिहास में आज तक किसी बाहरी व्यक्ति का इतना भव्य स्वागत नहीं किया गया। लेकिन इस बार लोगों ने इतिहास को एक ओर रखते हुए श्रीमती एनी बेसेंट को अपनी संस्कृति से ओतप्रोत कर दिया था। निस्संदेह उनका व्यक्तित्व इतना प्रभावशाली है, जिससे कोई भी व्यक्ति बच नहीं सकता।''

निर्धारित दिन अधिवेशन का शुभारंभ हुआ। सर्वप्रथम एनी बेसेंट को मंच पर आमंत्रित किया गया। व्याख्यान प्रारंभ करते हुए उन्होंने उपस्थित सदस्यों से कहा, ''हम यहाँ ज़िन विषयों की चर्चा-परिचर्चा के लिए एकत्रित हुए हैं, मुझे विश्वास है कि वैचारिक स्वतंत्रता के आधार उनकी समीक्षा की जाएगी। हमारा उद्‌देश्य विचारों को थोपना नहीं, वरन् निष्पक्ष विचारक की तरह उसके पहलुओं को जाँचना-परखना है। अत: अभी से यह भूल जाएँ कि आप किसी देश-विशेष का प्रतिनिधित्व कर रहे हैं। सिर्फ इतना याद रखें कि हमें सत्य का अंवेषण करना है।''

तालियों से सभागार गूँज उठा। एनी बेसेंट ने बातों-ही-बातों में विभिन्न देशों के प्रतिनिधियों के बीच 'बंधुत्व' स्थापित कर दिया था।

दो दिवसीय कार्यक्रम में वे पूरी तरह से छाई रहीं। अध्यात्म, विश्व-बंधुत्व व सामाजिक सुधारों पर की गई उनकी व्याख्याओं से उपस्थित सदस्यों पर गहरा प्रभाव पड़ा। उनकी बौद्धिकता तथा विचारशीलता के समक्ष वे नतमस्तक थे।

बोस्टन जाने से पूर्व एनी बेसेंट ने वॉशिंगटन और ब्रुकलिन में अनेक व्याख्यान दिए। वे व्याख्यान केवल मूलभूतों नियमों व सिद्धांतों पर आधारित नहीं थे, वरन् उनमें व्याख्यात्मक दर्शन की प्रचुरता थी। यही कारण था कि लोगों का एक विशाल समुदाय उनका मुरीद बन गया।

उन्होंने जैसा सोचा था, वैसा कर दिखाया; अनेक सप्ताह तक समाचार पत्र उनकी भूरि-भूरि प्रशंसा करते रहे।

ब्लैवत्स्की की मृत्यु

जिन दिनों एनी बेसेंट अमेरिका-यात्रा की तैयारी कर रही थीं, उन दिनों मैडम ब्लैवत्स्की बहुत बीमार थीं। यद्यपि वे उन्हें इस स्थिति में छोड़कर नहीं जाना चाहती थीं। लेकिन उनके समझाने पर विवश होकर वे अमेरिका चली गईं। इस बीच मैडम ब्लैवत्स्की का स्वास्थ्य तेजी से गिरने लगा। बिगड़ती स्थिति देखकर उन्हें अस्पताल में दाखिल करवाया गया; सोसाइटी के सदस्य उनके स्वास्थ्य-लाभ की कामना कर रहे थे। लेकिन दवा और दुआ—दोनों निष्फल हो गईं।

अंततः 8 मई 1891, को ब्लैवत्स्की ने सदा के लिए संसार से विदा ले ली।

इस अप्रिय सूचना को सुन एनी बेसेंट बुरी तरह टूट गईं। उनके मुख से केवल इतना निकला, ''उनकी मृत्यु के साथ परिवर्तन के एक युग का अंत हो गया; हम अनाथ हो गए हैं।''

यद्यपि सोसाइटी के प्रथम अध्यक्ष ऑल्कट थे, लेकिन मृत्यु से कुछ दिन पूर्व ब्लैवत्स्की ने लिखित नोट द्वारा सोसाइटी के भावी अध्यक्ष की ओर संकेत कर दिया था। उन्होंने लिखा था, ''मुझे मेरी मृत्यु का पूर्वाभास हो गया है। मेरे बाद केवल एनी बेसेंट ऐसी योग्य सदस्य हैं, जो सोसाइटी को सँभाल सकती हैं। उनका अध्यात्म और दर्शन इतना परिपक्व है कि वे सीधे मास्टर के संसर्ग में रहेंगी। ऑल्कट के बाद वे सोसाइटी के अध्यक्षा पद के लिए उपयुक्त हैं।''

ब्लैवत्स्की की मृत्यु के बाद एनी बेसेंट और ऑल्क्ट ने एक साथ प्रतिज्ञा ली कि 'सोसाइटी द्वारा निर्धारित लक्ष्य और उसके प्रति वे सदैव निष्ठावान रहेंगे।'

नए दायित्वों के भार से दबी एनी ने स्कूल बोर्ड के आगामी चुनाव न लड़ने की घोषणा कर दी। इसके अतिरिक्त सामाजिक, धार्मिक तथा नैतिक हित के लिए उन्होंने 'मैल्थूजियन लीग' की सदस्यता भी छोड़ दी।

निष्कासन

थियोसॉफिस्ट हो जाने के बाद भी एनी बेसेंट ने नेशनल सेक्युलर सोसाइटी की सदस्यता छोड़ी नहीं थी। लेकिन अब उसमें उनके निष्कासन की प्रक्रिया तेज हो गई थी। नेशनल सेक्युलर सोसाइटी के सदस्य सार्वजनिक रूप से उनकी आलोचना करने लगे थे। अंततः एनी बेसेंट ने उन्हें अलविदा कहने का निश्चय कर लिया।

अपने विदाई भाषण में उन्होंने कहा, ''चार्ल्स ब्रैडलॉफ के साथ मेरा बहुत लंबा साहचर्य रहा है। विचारधाराएँ बदल जाने के बाद भी कहीं-न-कहीं उनके और मेरे बीच मित्रता के कुछ अंश शेष थे। मैं विश्वास के साथ कह सकती हूँ कि यदि वे जीवित होते तो मेरे साथ ऐसा दुर्व्यवहार कदापि नहीं करते। आज मैं अंतिम बार आपको संबोधित कर रही हूँ, क्योंकि नेशनल सेक्युलर सोसाइटी से मुझे निष्कासित किया जा रहा है। सोलह वर्षों में आप लोगों ने मुझे इसी रूप में देखा है। आप जानते हैं कि जीवन में मैंने कभी झूठ नहीं बोला। मेरे विरोधी भी इस कथन पर अविश्वास नहीं कर सकते। आपने प्रत्येक स्थिति में मेरा भरपूर साथ दिया है। इसके लिए मैं आपकी आभारी हूँ। अंत में केवल इतना कहूँगी कि मैं सत्य को खोजने का जो प्रयास कर रही थी, थियोसॉफिकल के रूप में मुझे उसका सशक्त साधन मिल गया है। मैं आपसे आँख मूँदकर विश्वास करने के लिए नहीं कहूँगी, लेकिन आप इस तथ्य की समीक्षा अवश्य करें।''

❑

22

भारत में व्याख्यान

'हिंद' व 'हिंदुस्तान' के नाम से प्रसिद्ध भारत देश को अध्यात्म का जनक और विश्व में फैले दर्शन का केंद्र कहा जाता है। अत्यंत प्राचीन वैदिक व पौराणिक ग्रंथों में 'जंबूद्वीप' तथा 'अजनाभदेश' के नाम से इसका वर्णन है। विद्वानों के अनुसार इसका अस्तित्व पाषण युग से स्वीकारा जाता है। यहीं पर विश्व की प्राचीनतम 'सिंधु घाटी सभ्यता' विकसित हुई। लगभग 1600 ईसा पूर्व आर्यों के आगमन के साथ भारत के उत्तरी भाग में वैदिक सभ्यता का सूत्रपात हुआ। इसी समय भारत के दक्षिणी क्षेत्र में 'द्रविड़ सभ्यता' विकसित हो रही थी। तदनंतर दोनों सभ्यताओं ने एक-दूसरे में घुल-मिलकर मिश्रित संस्कृति का निर्माण किया।

भारत में सातवाहन, चालुक्य, चेर, चोल, गुप्त, पल्लव, यूनानी, शक, पार्थी, कुषाण आदि प्रमुख राजवंश हुए। उनके शासनकाल में धर्म, दर्शन, विज्ञान, कला, साहित्य, गणित तथा खगोल शास्त्र ने अभूतपूर्व उन्नति की।

'सोने की चिड़िया' के नाम से विख्यात सुसंस्कृत और वैभव-संपन्न भारत ने विदेशी आक्रमणकारियों को आकर्षित किया। उन्होंने बार-बार आक्रमण करके यहाँ के निवासियों का भरपूर सामाजिक, आर्थिक एवं सांस्कृतिक शोषण किया। भारतीय संस्कृति में विदेशी सभ्यताओं के समावेश से नवीन धर्मों, मतों, समुदायों व भाषाओं का उदय हुआ।

धन-वैभव का आकर्षण अंग्रेज व्यापारियों को भारत खींच लाया। जिन दिनों वे भारत आए, उन्हीं दिनों फ्रांस, डच और पुर्तगाल जैसे देशों की दृष्टि भी भारत पर थी। यह उनके लिए न केवल 'सोना बनाने वाला पारस' था, वरन् औद्योगिक क्रांति के लिए कच्चे माल व उत्पादित वस्तुओं की खपत के लिए एक बड़ा बाजार भी था। अंग्रेज व्यापार के नाम पर यहाँ आए, लेकिन कुटिलता और कूटनीति के बल पर उन्होंने भारत पर अधिकार कर लिया। उसके बाद से वे निरंतर भारतीय लोगों पर अत्याचार करते हुए उनका शोषण करने लगे। उनके विरुद्ध जिसने भी विद्रोहों का शंखनाद किया गया, उन्हें बुरी तरह कुचल दिया गया।

यद्यपि अंग्रेज शासक असहाय भारत की अर्थ-संपदा लूटने में जुटे हुए थे,

तथापि इसका सांस्कृतिक खजाना अक्षुण्ण बना रहा। वैदिक काल से चले आ रहे अध्यात्म और दर्शन इसके कोने-कोने में विद्यमान होकर निरंतर विकासशील थे। चूँकि थियोसॉफिकल सोसाइटी मूलतः आध्यात्मिक दर्शन पर आधारित थी, इसलिए ब्लैवत्स्की ने वर्ष 1879 में सोसाइटी का प्रधान कार्यालय न्यूयॉर्क से हटाकर बंबई (अब मुंबई) में स्थापित कर दिया था। तदनंतर सन् 1882 में मद्रास (अब चैन्नई) के अड्यार क्षेत्र में इसे अंतिम रूप से स्थापित किया गया।

भारत-आगमन

एनी बेसेंट भारत को 'विश्व का आध्यात्मिक गुरु' मानती थीं। उनका कथन था, "विभिन्न धर्मों तथा संप्रदायों से मिला-जुला भारतदेश विश्व के समक्ष परस्पर प्रेम और बंधुत्व का आदर्श प्रस्तुत कर सकता है।" उनकी इच्छा थी कि वे भारत के आध्यात्मिक दर्शन को आत्मसात कर समाज को थियोसॉफी की ओर अग्रसर करें। साथ ही वे भारतीय समाज में व्याप्त कुरीतियों तथा कष्टों का भी निवारण करना चाहती थीं। इसलिए यूरोपीय देशों में थियोसॉफी का प्रचार-प्रसार करने के बाद वे भारत यात्रा पर निकल पड़ीं।

16 नवंबर, 1893; पावन देवभूमि पर कदम रखते ही सांस्कृतिक वातावरण ने एनी बेसेंट के मन-मस्तिष्क को सराबोर कर दिया। उनसे टकरानेवाली हवा उनके अंतर्मन को शीतल करने लगी। मन-ही-मन उन्होंने ऋषि-मुनियों की इस आध्यात्मिक भूमि को प्रणाम किया।

अन्नाबाई

एनी बेसेंट के भारत में होने के कारण इस बार थियोसॉफिकल सोसाइटी का वार्षिक अधिवेशन अड्यार में आयोजित किया गया। उसमें सम्मिलित होने के लिए हजारों की संख्या में लोग दो दिन पूर्व ही अड्यार पहुँचने लगे थे। उनके रहने, खाने व ठहरने की व्यवस्था सोसाइटी द्वारा की गई। निर्धारित दिन सभागार खचाखच भर गया; प्रांगण में तिल तक रखने की जगह नहीं थी। लोगों के उत्साह को देख एनी बेसेंट सहसा कह उठीं, "भारत के लोगों का अज्ञान का अंधकार दूर हो रहा है; प्रसन्नता का सूर्योदय होनेवाला है। वह दिन दूर नहीं है, जब ज्ञान के सूरज से इसका कण-कण चमक उठेगा।"

प्रतिदिन सभा-समाप्ति के बाद एनी बेसेंट लोगों से शिविरों में जाकर मिलतीं और अपने विचारों की संजीवनी से उनके सुप्त मस्तिष्क को जागृत करने का प्रयास करतीं। इसके अतिरिक्त वे उनके दुःखों एवं कष्टों की जानकारी भी लेतीं। उन्हें अपने बीच पाकर लोग स्वयं को धन्य समझते थे। विदेशी सदैव उनका शोषण करते आए थे; यह पहला अवसर था जब कोई विदेशी महिला उन पर मातृत्व का स्नेह उड़ेल रही थीं। वे 'ममतामयी माँ' की तरह प्रतीत होती थीं। यही कारण था कि लोग उन्हें 'अन्नाबाई' या 'अन्नामाई' कहकर पुकारने लगे। उनके अपनत्व से एनी भी अछूती नहीं रहीं। उन्होंने भावुक होते हुए कहा, ''यहाँ के लोगों ने मुझे इतना सम्मान और प्रेम दिया है, जितना मुझे विश्व के किसी स्थान पर नहीं मिला।''

अधिवेशन सफल हुआ। उसके बाद एनी बेसेंट कलकत्ता (कोलकाता) गईं और वहाँ अपनी वाक्-कला का जादू बिखेरा। उन्होंने भारत-आगमन का उद्देश्य स्पष्ट करते हुए एक लेख लिखा था, जो 'अमृतबाजार पत्रिका' में प्रकाशित हुआ। उन्होंने लिखा, ''भारत को दूसरा ग्रेट ब्रिटेन या दूसरा जर्मनी देखने की इच्छा मुझे आकृष्ट नहीं करती। जिस भारत का पुनर्निर्माण करने के लिए मैं अपना जीवन दे सकती हूँ, उस भारत में प्राचीन हिंदू धर्म और दर्शन धमनियों में प्रवाहित है। ऐसा भारत—जिसकी ओर दूसरे देखें; जहाँ सबका जीवन बौद्धिक और आध्यात्मिक भावनाओं से अनुप्राणित हो—का भविष्य तथा उसकी महत्ता राजनीतिक पद्धति में नहीं बल्कि उसके दर्शन और धर्म के पुनरागमन से उज्ज्वल हो सकता है। मैं अपनी सारी शक्ति उसके लिए व्यय करूँगी।''

बनारस का आकर्षण

भारत के उत्तरी भाग में गंगा तट पर बसा बनारस; जिसे 'काशी', 'वाराणसी' तथा 'शिव-नगरी' के नाम से भी जाना जाता है; धार्मिक और आध्यात्मिक शहर के रूप में विख्यात है। इसे 'अविमुक्त क्षेत्र', 'आनंद-कानन', 'महाश्मशान', 'सुरंधन', 'ब्रह्मावर्त', 'सुदर्शन' व 'रम्य' भी कहा जाता है। यदि भारत को अध्यात्म के जनक की संज्ञा दी जाए तो निस्संदेह बनारस इसका गर्भ कहलाएगा। हिंदू धर्म के अनुसार

इसे सर्वाधिक पवित्र शहर माना गया है। इसके अतिरिक्त बौद्ध और जैन समुदाय भी बनारस को परम पावन मानते हैं।

बनारस की प्राचीनता का उल्लेख करते हुए एक अमेरिकी विद्वान् ने कहा है, ''बनारस इतिहास से भी पुरातन है; परंपराओं से पुराना है; किंवदंतियों से भी प्राचीन है। जब इन सबको एकत्र कर दें, तो यह उस संग्रह से भी दोगुना प्राचीन है।'' यह कथन अतिशयोक्तिपूर्ण नहीं है। इसका प्रमाण हजारों वर्ष पूर्व लिखे गए वेदों, पुराणों तथा उपनिषदों से मिलता है, जिसमें काशी के महत्त्व का गुणगान किया गया है।

यह प्राचीन नगर इत्र, मलमल व रेशमी कपड़ों, हाथी-दाँत और शिल्प कला का व्यापारिक केंद्र रहा है। लेकिन इससे भी बढ़कर बनारस ज्ञान, शिक्षा, अध्यात्म, दर्शन और भारतीय संस्कृति के लिए प्रसिद्ध है। समय-समय पर यहाँ ऐसे अनेक सूफी-संत हुए हैं, जिन्होंने विश्व को प्रेम, बंधुत्व, धर्म और दर्शन का संदेश दिया।

भारत आगमन से पूर्व एनी बेसेंट ने भारतीय सभ्यता, संस्कृति, क्षेत्रीय महत्त्व और परिवेश का भली-भाँति अध्ययन किया था। बड़े-बड़े प्रभावशाली शहर होने के बाद भी वे सबसे अधिक बनारस की ओर आकर्षित हुईं। वस्तुतः यह शहर उनके 'विश्व बंधुत्व' के विचार का मूर्त रूप था, जिसने पुरातन समय से विभिन्न धर्मों को अपने आँचल में आश्रय दे रखा था। इस पावन नगरी को देखने के लिए वे लालायित थीं। यही कारण था कि कलकत्ता के बाद उन्होंने थियोसॉफिकल की अगली सभा बनारस में आयोजित की।

'अतिथि देवो भव' की भावना से ओतप्रोत बनारस के लोगों ने उनका भरपूर स्वागत किया। उनके स्नेह और अपनत्व से एनी बेसेंट को ऐसा लगा मानो वे अपने परिवार के बीच पहुँच गई हों। लोगों की भीड़ उन्हें सदैव घेरे रहती थी। अपेक्षाओं के अनुरूप थियोसॉफिकल सोसाइटी ने यहाँ अपरिमित सफलता प्राप्त की। आगे चलकर एनी बेसेंट ने बनारस को थियोसाफी का प्रमुख कार्य-क्षेत्र बना लिया।

भगवान दास से मित्रता

बनारस में आयोजित थियोसॉफिकल की सभा में एनी बेसेंट का व्याख्यान सुनकर श्रोतागण मंत्रमुग्ध हो गए। अब तक उन्होंने पुरुष-वक्ताओं को अध्यात्म पर बोलते सुना था, एक विदेशी महिला द्वारा इस विषय पर ओजपूर्ण भाषण देना उनके लिए एक नया अनुभव था। वे तल्लीनता से उन्हें सुन रहे थे। भाषण की समाप्ति के साथ ही सभागार तालियों की गड़गड़ाहट से गूँज उठा। एनी बेसेंट ने ऐसे शब्दों का

चयन किया था, जिन्होंने श्रोतागण के हृदय भेद डाले थे; उनका मन-मस्तिष्क आत्म-मंथन के लिए विवश हो गया।

उस सभा में डॉ. भगवान दास भी सम्मिलित थे, जो महिला-वक्ता के मुख से निकलनेवाले शब्दों को आत्मसात् कर रहे थे। 12 जनवरी, 1869 को बनारस के एक समृद्ध घराने में जनमे भगवान दास भारत के प्रमुख शिक्षाशास्त्री, दार्शनिक और स्वतंत्रता सेनानी थे। अनेक संस्थाओं की स्थापना में उनका महत्त्वपूर्ण योगदान था। केवल 18 वर्ष की अल्पायु में उन्होंने 'पाश्चात्य दर्शन' में एम.ए. की उपाधि प्राप्त की। वर्ष 1890 से 1898 तक वे मजिस्ट्रेट के पद पर कार्यरत रहे। भारतीय दार्शनिक विचारधारा की व्याख्या में उन्हें महारत हासिल थी। दर्शन व अध्यात्म पर उन्होंने हिंदी तथा संस्कृत में 30 से अधिक पुस्तकों की रचना की थी। एनी बेसेंट की तरह उन्होंने भी निष्पक्ष भाव से सभी धर्मों का वैज्ञानिक विश्लेषण किया। वे मानते थे कि 'सभी धर्म एक हैं। उनका उद्‌देश्य सिर्फ मानव-कल्याण, परोपकार और आपसी प्रेम को बढ़ाना है।'

सभा के बाद एनी बेसेंट और भगवान दास का परस्पर परिचय कराया गया। इस प्रथम भेंट में ही एनी बेसेंट ने उन पर ऐसी छाप छोड़ी जो आजीवन अमिट रही। उनके बीच का यह मधुर रिश्ता आगे चलकर और भी मजबूत हुआ।

गीता का दर्शन

बनारस के बाद एनी बेसेंट ने आगरा, लखनऊ, दिल्ली, लाहौर आदि शहरों में सार्वजनिक सभाएँ कीं। अपनी वाक्-पटुता और समाज-सुधारक विचारों के कारण उन्होंने लोगों को मंत्रमुग्ध कर दिया था। उनके मंच पर आते ही लोग जोरदार तालियों से उनका स्वागत करते थे। 'एनी बेसेंट जिंदाबाद!' के नारों से आसमान गूँज उठता था।

लंबी रेल-यात्राओं के दौरान एनी बेसेंट को भारतीय दर्शन को जानने-समझने का अवसर मिला। भगवद् गीता तथा उपनिषद् जैसी पुस्तकें यात्राओं में उनकी प्रिय सखियाँ थीं। खिड़की के पास बैठकर वे घंटों उनका अध्ययन करती थीं। उन्हें सबसे अधिक 'गीता' ने प्रभावित किया। श्रीकृष्ण द्वारा अर्जुन को प्रदत्त कर्मज्ञान उन्हें विश्व में फैले दर्शन का स्रोत प्रतीत हुआ।

गीता में वर्णित महत्त्वपूर्ण बिंदु उन्होंने अपनी नोटबुक में भी अंकित किए। बाद में उन्होंने लिखा, "श्रीकृष्ण कर्म करने पर बल देते हैं। वे कहते हैं कि 'मनुष्य

को लाभ-हानि, दुःख-सुख, यश-अपयश, मान-अपमान तथा विजय-पराजय को एक समान समझना चाहिए। इससे कर्म करने पर वह उसके सकारात्मक या नकारात्मक प्रभाव से दूर रहेगा। इसी समभाव को वे सभी भयों से मुक्ति का उपाय मानते हैं।' उनकी दृष्टि में विषय-वासनाओं में डूबे तथा फल की इच्छा से कर्म करनेवाले विवेकहीन लोग 'ब्रह्म' के स्वरूप को नहीं जान सकते। उनका यह कथन उन लोगों की ओर संकेत करता है, जो स्वार्थवश परिवर्तन नहीं चाहते। श्रीकृष्ण ने ब्रह्म-प्राप्ति का मार्ग बताते हुए सांसारिक मनुष्य को द्वेष, ईर्ष्या, घृणा, मद, मोह आदि से दूर रहने तथा ब्रह्म-चिंतन पर बल दिया है। वे कहते हैं कि 'जिस प्रकार बड़ा मिलने के बाद मनुष्य को छोटे जलाशय की कोई जरूरत नहीं होती, उसी प्रकार ब्रह्मतत्त्व को जानने वाले व्यक्ति के लिए सांसारिक वस्तुओं का कोई औचित्य नहीं रह जाता। मनुष्य का अधिकार केवल कर्म पर है, उसके फल पर नहीं। इसलिए न तो तुम कर्म-फल की इच्छा करो और न ही कर्म करने से पीछे हटो; सिर्फ अपने कर्म पर ध्यान दो, क्योंकि निष्काम कर्म ही समदृष्टि उत्पन्न करता है और वही 'योग' कहलाता है। बुद्धिवान व्यक्ति पाप और पुण्य—दोनों को त्याग देता है। अत: तुम भी सम बुद्धिवान बनो; क्योंकि कर्मों के बंधन से छूटने का यही एकमात्र उपाय है। स्मरण रखो, समबुद्धि मनुष्य कर्मफल को त्यागकर, जीवन-मृत्यु के बंधन से मुक्त हो जाते हैं और उन्हें निर्विकार पद प्राप्त होता है। जब बुद्धि स्थिर होकर परमात्मा में लीन हो जाएगी, उसी के साथ तुम्हें योग प्राप्त होगा अर्थात् तुम्हारा ईश्वर से शाश्वत संबंध हो जाएगा।' श्रीकृष्ण के इस कर्मज्ञान ने मुझमें नई शक्ति, ऊर्जा और उत्साह का संचार कर दिया है। समभाव अर्थात् 'बंधुत्व और सहयोग' तथा निष्काम कर्म अर्थात् 'स्वार्थरहित सेवा'—दोनों लक्ष्यों के लिए मैं प्रयासरत हूँ। लेकिन अब इनकी प्राप्ति में 'भगवद् गीता' मेरा मार्गदर्शन करेगी।''

'विदेशों में रहनेवाले गैर-भारतीय लोग गीता का दर्शन समझकर उसका अनुसरण कर सकें'—यह सोचकर एनी बेसेंट ने उसका अंग्रेजी में अनुवाद किया। यह अनूदित संस्करण सन् 1895 में 'द वाइज सांग' के नाम से प्रकाशित हुआ और विदेशों में उसने लोकप्रियता के शिखर को छुआ।

अंतिम विदाई नहीं!

विभिन्न शहरों का दौरा करते हुए अंतत: 20 मार्च, 1894 को एनी बेसेंट बंबई पहुँचीं। स्टेशन पर लोगों ने फूलमालाएँ पहनाकर तथा तिलक लगाकर उनका

स्वागत किया। साड़ी के रूप में उन्हें विशुद्ध भारतीय उपहार दिया गया। कुछ दिनों तक वहाँ थियोसॉफी का गूढ़ ज्ञान बँटाने के बाद अप्रैल माह में उन्होंने लंदन की ओर प्रस्थान किया। भारतीयों के स्नेह से अभिभूत एनी बेसेंट ने कहा, ''विश्व की प्राचीनतम संस्कृति और सभ्यता को समेटे हुए भारत मानवीय गुणों और संस्कारों का अमूल्य कोष है। भारतीय लोग अध्यात्म और दर्शन से परिपूर्ण हैं। यह आज से नहीं, वरन् हजारों वर्ष पूर्व से है; उस समय से भी पूर्व जब विश्व की शेष सभ्यताएँ 'सभ्य' होने लगी थीं। भारत आगमन के समय मैंने इस देश के विषय में बहुत कुछ सुना-पढ़ा था। उसके आधार पर मेरे कल्पनाशील मस्तिष्क ने कुछ विचारों का सृजन किया। लेकिन यहाँ आने के बाद मैंने पाया कि भारत को सिर्फ पढ़कर अथवा सुनकर नहीं जाना जा सकता। इसे जानने के लिए इसके भौगोलिक और सांस्कृतिक परिवेश में डूबना जरूरी है। मुझे भारत में वह सबकुछ मिला, जिससे यहाँ न आने की स्थिति में मैं वंचित रह जाती। अब भारत के लोगों से विदा लेने का समय है। लेकिन यह मेरी अंतिम विदाई नहीं है। मैं बार-बार यहाँ आती रहूँगी, क्योंकि मैं भारत का मोह नहीं छोड़ सकती।''

❑

23

शैक्षिक सुधार

लंदन पहुँचने के बाद एनी बेसेंट विदेश-यात्राओं पर निकल गईं। स्कॉटलैंड, न्यूयॉर्क, मेलबोर्न, स्टॉकहोम, एडिनबरा, ग्लासगो, शिकागो, बोस्टन, स्वीडन, पेरिस, बेल्जियम आदि शहरों में उन्होंने अनेक व्याख्यान दिए। इस बार उनके सारगर्भित व्याख्यान हिंदू धर्म से परिपूर्ण थे, जिनमें गीता और उपनिषदों में वर्णित आध्यात्मिक दर्शन का विशेष उल्लेख था। उन्होंने 'निष्काम कर्म द्वारा ब्रह्म (सत्य) की प्राप्ति' का मार्ग दिखाकर लोगों को 'थियोसॉफी' के लिए प्रेरित किया। लगभग दो वर्षों तक वे विदेशों में भारतीय दर्शन का प्रचार-प्रसार करती रहीं।

धीरे-धीरे पाश्चात्य परिवेश में रहते हुए एनी बेसेंट का मन उचाट होने लगा। वे कुछ दिन आध्यात्मिक वातावरण में मनन-चिंतन करना चाहती थीं। अतः वर्ष 1896 की सर्दियों में वे पुनः भारत आ गईं और बनारस में रहने लगीं।

बनारस-प्रवास के दौरान उनकी दृष्टि लोगों की सामाजिक समस्याओं पर पड़ी। उन दिनों तत्कालीन हिंदू समाज वर्ग, जाति और लिंग के आधार पर बँटा हुआ था। अपने अधिकारों से अनभिज्ञ लोग निर्धनता में जीवनयापन को विवश थे। उनके रहन-सहन का स्तर अत्यंत निम्न था। वे दिनभर अथक परिश्रम करते, फिर भी उनके घरों में पर्याप्त भोजन और आवश्यक सुविधाओं का अभाव था। उस पर अंग्रेजों द्वारा किया जानेवाला शोषण उनके चोटिल मानस पर नमक डालने का काम कर रहा था।

एनी बेसेंट इसका प्रमुख कारण 'आधुनिक शिक्षा की कमी' को मानती थीं। ऐसा नहीं था कि बनारस में शिक्षा की व्यवस्था नहीं थी; वहाँ देश के किसी भी स्थान से अधिक गुरुकुल स्थापित थे। लेकिन उनमें विद्यार्थियों को प्राचीन भारतीय पद्धति के अनुसार शिक्षित किया जाता था। उन संस्थानों के शिक्षक मुख्यतः ब्राह्मण थे, जो विद्यार्थियों को वैदिक ज्ञान देते थे। आधुनिक शिक्षा से उनका कोई सरोकार नहीं था। यह व्यवस्था भी सभी लोगों के लिए न होकर केवल कुछ विशेष वर्गों तक ही सीमित थी। विश्व में बदलती परिस्थितियों तथा विज्ञान की उन्नति से बनारस के लोग पूरी तरह अनभिज्ञ थे।

एनी बेसेंट उन लोगों को विश्व के साथ जोड़ना चाहती थीं; उनकी इच्छा थी कि वे बाहरी ज्ञान को आत्मसात करें तथा भारतीय ज्ञान को विदेशों में फैलाएँ। इसके लिए आधुनिक शिक्षा प्रणाली से उनका परिचय करवाना आवश्यक था। उन्होंने इस बारे में डॉ. भगवान दास से बात की।

''सांस्कृतिक व धार्मिक वातावरण से भरे-पूरे इस शहर में आधुनिक शिक्षा का प्रसार अत्यंत कठिन है।'' भगवान दास ने कुछ सोचते हुए कहा।

''बनारस से निकलनेवाली अध्यात्म, धर्म व सामाजिक ताने-बाने की जड़ें संपूर्ण भारतवर्ष में फैली हुई हैं। परंतु उनके साथ-साथ अनेक सामाजिक कुरीतियों और समस्याओं का प्रभाव भी बढ़ा है। यदि हम सामाजिक सुधार चाहते हैं तो शिक्षा के महत्त्व को समझकर आधुनिक शैक्षिक प्रणाली को अपनाना होगा। मेरे विचार में शिक्षा एक ऐसा माध्यम है, जो समाज में जूझते लोगों में वैचारिक क्रांति ला सकती है; उन्हें सामाजिक स्तर पर दूसरों के साथ खड़ा कर सकती है।'' एनी ने उत्तेजित स्वर में कहा।

भगवान दास कुछ देर चुप रहे। तदनंतर गंभीर स्वर में बोले, ''मैं आपके कथन से सहमत हूँ। लेकिन यह कैसे संभव होगा? इसके लिए हमें कौन सी योजना बनानी चाहिए?''

एनी के होंठों पर मुसकान थिरक उठी, ''मैंने योजना बना ली है। हमें केवल उस पर अमल करना है।''

''कैसी योजना? आप क्या करना चाहती हैं?''

''हम यहाँ आधुनिक शिक्षा प्रणाली पर आधारित विद्यालय स्थापित करेंगे, जो शैक्षिक व सामाजिक स्तर पर भारत और शेष विश्व को परस्पर जोड़ेगा।''

''लेकिन विद्यालय के लिए धन की व्यवस्था कहाँ से होगी?'' भगवान दास ने अगला प्रश्न किया।

''हम भारत के धनाढ्य वर्ग से अपील करेंगे कि वे इस कार्य के लिए दान दें। इसके अतिरिक्त थियोसॉफिकल सोसाइटी भी धन एकत्रित करने में पूरी सहायता करेगी।'' एनी ने पल भर में सारी योजना समझा दी।

भगवान दास विस्मित होकर उस महान् नारी को देखने लगे, जो व्यवस्था परिवर्तन के लिए उद्यत थीं। वे जानते थे कि दृढ़-निश्चयी एनी बेसेंट जो सोच लेती हैं, उसे पूरा करके ही दम लेती हैं। देश के सुनहरे भविष्य की कल्पना करते हुए उनका मस्तक उनके प्रति श्रद्धा और सम्मान से झुक गया।

विद्यालय की नींव

निर्धारित योजना के अनुसार एनी बेसेंट उत्तर भारत की यात्रा पर निकल पड़ीं। लगभग 3,500 मील की यात्रा कर वे तीस से भी अधिक शहरों में गईं और वहाँ रहनेवाले हिंदू परिवारों से विद्यालय हेतु दान देने की अपील की। उनसे प्रभावित होकर लोग दिल खोलकर दान देने लगे। इसी बीच सोसाइटी के कार्य से एनी बेसेंट को यूरोपीय दौरे पर जाना पड़ा। उनकी अनुपस्थिति में धन एकत्रित करने की जिम्मेदारी भगवान दास ने सँभाल ली। कुछ ही महीनों में पर्याप्त धनराशि एकत्रित हो गई। आगे की योजना को क्रियान्वित करने के लिए एनी बेसेंट को सूचना प्रेषित कर दी गई।

व्यस्त यूरोपीय दौरे में से कुछ समय निकालकर अप्रैल 1898 में एनी बेसेंट भारत आईं। उन्होंने एकत्रित धन से चार कमरोंवाली एक इमारत खरीदी और उसमें आवश्यक संसाधन जुटाकर विद्यालय खड़ा कर लिया।

सन् 1898 के जुलाई माह में उनका स्वप्न साकार हुआ। इस महीने भगवान दास ने थियोसॉफिकल सोसाइटी के सहयोग से विद्यालय की नींव रखी। परंतु लंदन में होने के कारण एनी इस सुखद अवसर पर उपस्थित नहीं हो सकीं। उन्होंने वहीं से विद्यालय के उज्ज्वल भविष्य के लिए शुभकामना संदेश भेजा, जिसमें उन्होंने कहा , "शिक्षा का यह आधुनिक मंदिर बनारस के लोगों के लिए अमूल्य उपहार है। इसकी स्थापना से परिवर्तन का जो युग आरंभ होगा, उससे भारत में नवीन सामाजिक क्रांति का उदय होगा।"

सन् 1899 में उनके अनुरोध पर बनारस के तत्कालीन राजा प्रभु नारायण ने उन्हें विशाल भूखंड सहित एक बड़ी इमारत दान में दी। तदनंतर छोटी इमारत से निकलकर विद्यालय को वहाँ स्थापित कर दिया गया।

स्कूल प्रेजीडेंट

एनी बेसेंट को सर्वसम्मति से विद्यालय के प्रेजीडेंट पद पर चुना गया, जबकि

लंदन से पी-एच.डी. करके आए सर आर्थर रिचर्डसन को प्राचार्य का कार्यभार सौंपा गया। अध्यापन के लिए अध्यापकों का एक दल लंदन से बुलाया गया था।

इस अवसर पर जनसमुदाय को संबोधित करते हुए उन्होंने कहा, ''ईसाई धर्म की आक्रामक नीति भारत में ब्रिटिश साम्राज्य के लिए घातक है। अधिकांशत: ईसाई अशिक्षित, निर्धन और धर्म से अनभिज्ञ भारतीयों को घृणा की दृष्टि से देखते हैं। उनके द्वारा नियुक्त ईसाई मिशनरी लोगों को लालच देकर या भय दिखाकर धर्म-परिवर्तन के लिए बाध्य करते हैं। इस तरह ब्रिटिश राज भारतीयों के धर्म पर सबसे बड़ा खतरा है। लेकिन थियोसॉफी ने इस खतरे का विरोध करने के लिए भारत के विभिन्न धर्मावलंबियों को छूट दी है कि वे अपनी धार्मिक समस्याएँ स्वयं सुलझाएँ। इसी उद्देश्य से थियोसॉफिकल सोसाइटी ने 'हिंदू' विद्यालय की स्थापना की है। भारत के उत्थान अथवा पुनर्जागरण में थियोसॉफी महत्त्वपूर्ण है। इसने भारतीय धर्म में विश्वास का सूत्रपात करके मिशनरियों के ध्वंसात्मक उत्साह को क्षीण किया है; शिक्षा को भारतीय आदर्श पर ढाला है और देशवासियों में स्वाभिमान जाग्रत् किया है। स्मरण रहे कि भारत 'मरा' नहीं बल्कि 'सुप्त' है और थियोसॉफिकल सोसाइटी उसे जगाने के लिए प्रयत्नशील है।''

मूल सिद्धांत

एनी बेसेंट ने विद्यालय के लिए निम्नलिखित कुछ महत्त्वपूर्ण और उपयोगी सिद्धांत निर्धारित किए—

- हिंदू धर्म की शिक्षा।
- विभिन्न धर्मों में बंधुत्व की स्थापना।
- जातिगत भेदभाव का उन्मूलन।
- भारतीयों तथा अंग्रेजों के बीच परस्पर सहयोग।
- कम खर्च में उच्चस्तरीय शिक्षा।
- पुरातन शिक्षा के साथ-साथ आधुनिक शिक्षा।
- भारतीय आदर्शों का अनुपालन।
- वैचारिक स्वतंत्रता के लिए पत्रिका का प्रकाशन।

विद्यालय में उपर्युक्त सिद्धांतों का पूरी निष्ठा के साथ पालन किया जाता था। विचारों की स्वतंत्र अभिव्यक्ति के लिए 'सेंट्रल हिंदू पत्रिका' आरंभ की गई, जिसमें

स्थानीय विद्यार्थियों के लेख भी प्रकाशित होते थे। प्रारंभ में विद्यालय ग्याहरवीं कक्षा तक शिक्षा देता था। 27 नवंबर 1915 को एनी बेसेंट ने इसे पंडित मदनमोहन मालवीय द्वारा स्थापित 'बनारस' हिंदू विश्वविद्यालय' से जोड़ दिया। बाद में अक्तूबर 1917 में ब्रिटिश सरकार द्वारा पूर्ण रूप से कॉलेज में परिवर्तित होने के बाद इसकी एक शाखा 'सेंट्रल हिंदू कॉलेज' के नाम से प्रसिद्ध हुई।

गर्ल्स स्कूल की स्थापना

यूरोपीय समाज की तुलना में तत्कालीन भारतीय समाज में स्त्रियों की दशा अधिक शोचनीय व दयनीय थी। अनेक जातियों एवं वर्गों में बँटे भारतीय समाज के रूढ़िवादी विचार नारी के संबंध में लगभग एक समान थे। उनका जीवन घर की दीवारों के अंदर परिवार की सेवा करते हुए बीत जाता था। स्व-अस्तित्व से अनभिज्ञ वे पूरी तरह पुरुषों पर आश्रित थीं। बहु-विवाह, बाल-विवाह, परदा-प्रथा जैसी कुरीतियों से युक्त भारतीय समाज नारी-शिक्षा तथा उसके उत्थान का प्रबल विरोधी था। पुरुष-प्रधान समाज में उनके लिए न तो शिक्षा की समुचित व्यवस्था थी और न ही सुधार के अवसर।

उनकी बिगड़ती सामाजिक दशा ने एनी बेसेंट को उनके बारे में सोचने के लिए विवश कर दिया।

'महिलाओं को शिक्षित करके उनकी स्थिति को सुधारा जा सकता है। इससे वे अपने दायित्वों के साथ-साथ अपने अधिकारों के प्रति भी सजग होंगी। इसलिए सर्वप्रथम उनकी शिक्षा की व्यवस्था की जानी चाहिए।' उन्होंने मन-ही-मन सोचा।

लड़कों के लिए सेंट्रल हिंदू कॉलेज की स्थापना हो चुकी थी। अब वे लड़कियों के लिए भी एक ऐसा ही स्कूल खोलना चाहती थीं। फिर शीघ्र ही वर्ष 1904 में उन्होंने 'सेंट्रल हिंदू स्कूल' के अंतर्गत आधुनिक शिक्षा से युक्त एक 'गर्ल्स स्कूल' खोला, जिसने नारी-शिक्षा के क्षेत्र में महत्त्वपूर्ण योगदान दिया। बाद में यह स्कूल भी बनारस हिंदू विश्वविद्यालय का हिस्सा बन गया।

विषम परिस्थितियों में गर्ल्स स्कूल की स्थापना करना उनके साहसिक कार्यों में से एक था। वे लड़कियों को शिक्षा दिलाने के लिए महिलाओं को प्रेरित करती थीं। उनके प्रयत्नों से स्कूल में लड़कियाँ पढ़ने आने लगीं। इसके फलस्वरूप समाज के प्रतिष्ठित वर्ग में एनी बेसेंट महान् दार्शनिक और विचारक के साथ-साथ सुधारक के रूप में भी पहचानी जाने लगीं।

शांतिकुंज

एनी बेसेंट का अधिकांश समय अब भारत में व्यतीत होने लगा था। प्रवासी पक्षियों की तरह वे मार्च में लंदन चली जातीं तथा सर्दियाँ आरंभ होते ही भारत लौट आतीं। बार-बार भारत आगमन को देखते हुए उन्होंने बनारस में रहने के लिए एक घर बनवा लिया था।

नारी समाज एवं शिक्षा के क्षेत्र में एनी बेसेंट द्वारा किए गए अभूतपूर्व कार्यों ने उन्हें देश में सम्मानित और प्रसिद्ध व्यक्ति के रूप में प्रतिष्ठित किया। उनका आवास सोसाइटी के सदस्यों तथा सेंट्रल हिंदू स्कूल के अध्यापकों के साथ-साथ हिंदू-ईसाई विचारकों तथा भारतीय समाज-सुधारकों की अभिव्यक्ति का केंद्रीय स्थल बन गया। प्रतिदिन वहाँ कोई-न-कोई बैठक आयोजित होती, जिसमें वे विभिन्न विषयों पर विचार-विमर्श करते थे।

इस घर में एनी को आंतरिक शांति मिलती थी; स्वयं में नई ऊर्जा का अनुभव होता था। यही कारण था कि वे इसे 'शांतिकुंज' कहती थीं।

❑

24

नेहरू को दीक्षा

"अधिकांश लोग थियोसॉफी को विदेशी धर्म के रूप में देखते हैं। वे सोचते हैं कि यह उनके पुरातन धर्म के विनाश का उपाय है। लेकिन ऐसे लोगों को मैं बता देना चाहती हूँ कि थियोसॉफी कोई धर्म-विशेष या मत नहीं है और न ही इसे किसी पर बलपूर्वक थोपने का प्रयास किया जाता है। वस्तुत: 'ब्रह्म विद्या' अर्थात् ईश्वरीय दर्शन ही थियोसॉफी है। अन्य धर्मों की तरह इसमें सिद्धांतों व नियमों की अधिकता तथा उन्हें स्वीकारने अथवा उनका अनुसरण करने की विवशता नहीं है। इसका कोई विश्वास अथवा मत-विशेष भी नहीं है। धार्मिक ग्रंथों, क्रियाकलापों, विधि-विधानों तथा मान्यताओं का इसमें पूर्णतया अभाव है। थियोसॉफी एक सुधारक-विचार और थियोसॉफिकल सोसाइटी एक सुधारक-संस्था है। इसका उद्देश्य धार्मिक, सामाजिक और जातिगत दोषों को दूर करके मानवीय सुधार करना है। यह मनुष्य को धार्मिक स्वतंत्रता देती है और स्वधर्म के अनुरूप कार्य करते हुए उसे सामान्य से सर्वश्रेष्ठ बनाती है। थियोसॉफी 'परा विद्या' द्वारा मनुष्य को दैविक ज्ञान प्रदान करती है। इसके आदर्शों में जीवन की सार्थकता छिपी है, जिसका विश्वासपूर्ण अनुसरण मनुष्य को मानवीय स्तर से ऊपर उठाकर दैविक स्तर तक ले जाता है।"

एक बार थियोसॉफी का प्रचार करने एनी बेसेंट इलाहाबाद गईं। उनके सम्मान में एक सभा आयोजित की गई, जिसमें उन्होंने प्रभावशाली व्याख्यान दिया। सभा में शहर के सम्माननीय लोगों के साथ-साथ धनाढ्य घरानों के युवक भी सम्मिलित थे।

अधिकांश युवक इधर-उधर की बातों में उलझे थे; व्याख्यान की ओर उनका ध्यान नगण्य था। लेकिन उस समूह में एक ऐसा युवक भी था, जिसका ध्यान पूरी तरह से वक्ता पर था। वह उत्सुक होकर व्याख्यान सुन रहा था। गोरे रंग के उस लंबे-पतले बारह वर्षीय युवक के चेहरे पर गंभीरता के भाव थे। ऐसा लग रहा था मानो वह एनी बेसेंट द्वारा कहे गए एक-एक शब्द का मंथन कर रहा हो।

वह युवक इलाहाबाद के सबसे धनाढ्य व प्रसिद्ध बैरिस्टर मोतीलाल नेहरू का सुपुत्र 'जवाहर' था। एनी बेसेंट की वाक्-कला, आध्यात्मिक दर्शन तथा

सुधारक विचारों के बारे में जवाहरलाल नेहरू ने बहुत-कुछ सुन रखा था। लेकिन प्रत्यक्षत: उन्हें सुनने का यह पहला अवसर था। इसलिए वे तल्लीनता के साथ ध्यानमग्न थे।

भाषण-समाप्ति के साथ ही सभागार तालियों से गूँज उठा। एनी बेसेंट द्वारा प्रतिपादित हिंदू धर्म के सिद्धांत तथा थियोसॉफी के अंतर्गत सभी धर्मों के उत्थान व समाज-सुधार की नवीन धारणाओं ने युवक जवाहर को अत्यंत प्रभावित किया। वे मित्रों के साथ उनसे मिले।

"आपके तर्क, सिद्धांत और कार्य अत्यंत प्रभावशाली व सराहनीय हैं। आपने थियोसॉफी की जो व्याख्या की है, उसके अनुसार विभिन्नता होते हुए भी सभी धर्मों में समभाव व बंधुत्व का विचार तथा हिंदू आध्यात्मिक दर्शन का उत्थान विश्व की अत्यंत प्राचीनतम भारतीय संस्कृति को सुदृढ़ता प्रदान करेगा। इससे भारतीय समुदाय विश्व-शक्ति बनकर उभरेगा। हमने अध्यात्म और दर्शन पर इतना सारगर्भित भाषण आज तक नहीं सुना था। यहाँ आकर हमें एक नई दिशा मिली है।"

"जवाहर! बैरिस्टर मोतीलाल नेहरू के पुत्र!" परिचय जानकर एनी बेसेंट ने उन्हें निकट बिठाया। तदनंतर स्नेहपूर्वक बोलीं, "जवाहर! विभिन्न धर्मों तथा जातियों की उत्पत्ति से पूर्व समुदायों में समानता और बंधुत्व का साम्राज्य था। परंतु सामाजिक विखंडन ने समाज में परस्पर ईर्ष्या, द्वेष व प्रतिस्पर्धा जैसे अवगुणों को जन्म दिया। हमें इन्हीं अवगुणों को समाप्त कर पुन: आदर्शों की स्थापना करनी है। मैंने जो कुछ कहा है, वह नया नहीं है। लेकिन कोई इसे स्वीकारने अथवा कहने का साहस नहीं करता, इसलिए ये विचार नवीन प्रतीत होते हैं।"

"क्या मैं थियोसॉफिकल सोसाइटी का सदस्य बन सकता हूँ?" थियोसॉफी से प्रभावित जवाहर ने सहसा प्रश्न पूछा।

एनी बेसेंट कुछ पल चुप रहीं। तदनंतर उनके मस्तक पर हाथ फेरते हुए बोलीं, "जवाहर! अभी तुम छोटे हो। उत्साहित होकर नहीं, बल्कि सोच-समझकर तुम्हें इसका निर्णय करना है। याद रखो, सर्वप्रथम किसी भी सिद्धांत को भली-भाँति जानना-समझना चाहिए; संदेह एवं तर्क की कसौटी पर उसे परखना चाहिए। उसके बाद ही वह सिद्धांत स्वीकारने या अस्वीकारने योग्य बनता है। इससे तुम्हारा विश्वास कभी अस्थिर नहीं होगा और तुम आजीवन अपने निर्णय पर अडिग रहोगे। इसलिए अभी तुम थियोसॉफी के बारे में अच्छी तरह से जानो-समझो।"

"जितना आवश्यक था, थियोसॉफी के संदर्भ में मैं उतना जान चुका हूँ। मेरे मन में किसी प्रकार का कोई संदेह नहीं है। मैंने बहुत सोच-समझकर सदस्य बनने

का निश्चय किया है।''

उनकी दृढ़ता देख एनी मुसकराते हुए बोलीं, ''ठीक है। मैं तुम्हें सोसाइटी की सदस्यता देने को तैयार हूँ।''

अगले दिन दीक्षांत समारोह में स्वयं एनी बेसेंट ने उन्हें थियोसॉफी की दीक्षा दी। यह घटना सन् 1901 की थी। एक बार पंडित जवाहरलाल नेहरू ने उनके बारे में कहा था, ''श्रीमती एनी बेसेंट ने मेरे सामान्य विचारों को उच्च शिखर पर स्थापित किया। इसके फलस्वरूप धनाढ्य परिवार से संबंधित होने के बाद भी मुझमें कभी अमीर-गरीब, जात-पाँत या हिंदू-मुसलिम का भाव पैदा नहीं हुआ। उनकी शिक्षाओं का ही प्रभाव था कि जीवनपर्यंत समाज के प्रत्येक वर्ग से मेरा अपनत्व रहा; मुझमें न्याय और समानता की प्रबलता रही। इससे मुझे उस समय भी भरपूर सहयोग मिला, जब मैं देश के सर्वोच्च पद पर आसीन हुआ।''

सोसाइटी की अध्यक्ष

थियोसॉफिकल के संस्थापक और प्रथम अध्यक्ष कर्नल हैनरी ऑल्कट कई महीनों से बीमार थे। अत्यधिक कार्य व उम्र की अधिकता ने उनके स्वास्थ्य पर बुरा असर डाला था। एक बार बीमारियों ने घेरा तो वे उससे उबर नहीं सके। लेकिन इस स्थिति में भी पूरे मनोयोग से वे अपने दायित्वों के निर्वहन में जुटे रहे। फलतः 17 फरवरी, 1907 को उन्होंने अंतिम साँस ली।

उनके निधन से एनी बेसेंट को गहरा धक्का लगा। पहले ब्लैवत्स्की और फिर हैनरी ऑल्कट—इन आघातों ने उन्हें नितांत अकेला कर दिया। लेकिन ऐसे कई भीषण आघात वे पहले भी सह चुकी थीं। इस बार भी प्रकृति के इस क्रूर नियम को स्वीकारते हुए जैसे-तैसे उन्होंने स्वयं को सँभाला।

कर्नल हैनरी ऑल्कट की मृत्यु के बाद अध्यक्ष पद रिक्त हो गया था। सोसाइटी के कार्यों को सुचारु रूप से चलाने के लिए उस पद की पूर्ति आवश्यक थी। अंततः एनी बेसेंट का अनुभव और प्रभाव देखते हुए सदस्यों ने सर्वसम्मति से

उन्हें अध्यक्ष पद के लिए चुन लिया।

शपथ लेते हुए उन्होंने कहा, ''एक महान् पद का भार और उच्च दायित्व सौंपकर आपने मुझे जो असाधारण सम्मान प्रदान किया है, उसके लिए आभार प्रकट करते समय मेरे मन में जो गहन भावना उमड़ रही है, उसकी अभिव्यक्ति के लिए मेरे पास समर्थ और सुंदर शब्द नहीं हैं। मैं केवल इतना ही कहूँगी कि मेरे लिए यह सम्मान जीवन की महत्त्वपूर्ण उपलब्धियों में से एक है।''

अध्यक्षीय कार्य

अध्यक्ष बनने के बाद एनी बेसेंट ने कई महत्त्वपूर्ण कार्य किए। उनके प्रयासों से अड्यार में सोसाइटी के पास उपलब्ध विशाल भू-भाग पर एक इमारत तैयार की गई, जिसका नाम 'वसंता' रखा गया। वहीं से सोसाइटी के प्रेस-संबंधित कार्य संपन्न किए जाने लगे। इसके प्रांगण में डेयरी भी स्थापित की गई थी, जिससे सोसाइटी के सदस्यों के लिए दूध-घी की व्यवस्था की जा सके।

हिंदू परंपरा के अनुरूप उन्होंने संन्यासियों के लिए 'थियोसॉफ़िकल ऑर्डर ऑफ सर्विस' का गठन किया। उसमें ऐसे संन्यासियों को सम्मिलित किया गया, जो निजी स्वार्थों और इच्छाओं को त्यागकर समाज में आध्यात्मिक उत्थान के लिए तैयार थे। इसके अतिरिक्त सोसाइटी के सदस्यों को राष्ट्रीय शिक्षा और कर्तव्यों के प्रति जागरूक करने के लिए 'नेशनल एजुकेशन लीग' भी स्थापित की गई।

ब्रदर्स ऑफ सर्विस

एनी बेसेंट तत्कालीन भारतीय समाज में व्याप्त जाति-प्रथा, बाल-विवाह, छुआछूत, अशिक्षा जैसी बुराइयों को दूर करने के लिए प्रयत्नशील थीं। लोगों को जागरूक करने के लिए उन्होंने 'ब्रदर्स ऑफ सर्विस' नामक एक संस्था की स्थापना की। इसके नियम अत्यंत कठोर थे।

संस्था की सदस्यता लेने वाले व्यक्ति को प्रतिज्ञा-पत्र में वर्णित निम्नलिखित

कठोर नियमों का पालन करना पड़ता था

- जातिगत छुआछूत का बहिष्कार करना।
- पुत्रों का विवाह 18 वर्ष तथा पुत्रियों का विवाह 16 वर्ष के बाद करना।
- नारी शिक्षा का प्रचार करते हुए परिवार की स्त्रियों को शिक्षा दिलवाना तथा स्त्रियों की समस्याओं को सुलझाने का प्रयास करना।
- जन-साधारण में शिक्षा का प्रचार करना।
- सामाजिक व राजनीतिक जीवन में वर्ग-आधारित भेदभाव को मिटाने का प्रयास करना।
- सामाजिक बंधनों व रूढ़िवादिता का विरोध करते हुए विधवा पुनर्विवाह का समर्थन करना।
- लोगों में आध्यात्मिक शिक्षा का प्रचार तथा राजनीतिक व सामाजिक उन्नति के लिए उनमें एकता स्थापित करने का प्रयत्न करना।

इस तरह एनी बेसेंट ने अपने कार्यों से थियोसॉफिकल सोसाइटी को भारतवर्ष में सम्माननीय बना दिया।

❑

25

अवतारवाद

भगवद् गीता में भगवान् श्रीकृष्ण ने कहा है :

"यदा यदा हि धर्मस्य ग्लानिर्भवति भारत।
अभ्युत्थानमधर्मस्य तदात्मानं सृजाम्यहम्॥
परित्राणाय साधूनां विनाशाय च दुष्कृताम्।
धर्मसंस्थापनार्थाय सम्भवामि युगे युगे॥"

अर्थात् "पृथ्वी पर जब-जब धर्म का नाश और अधर्म की बढ़ोतरी होती है, तब-तब धर्म की पुनर्स्थापना व रक्षा के लिए मैं मनुष्य-रूप में अवतार लेता हूँ। इसी प्रकार भक्तों की रक्षा, पापियों के विनाश व धर्म की रक्षा के लिए मैं प्रत्येक युग में जन्म लेता हूँ। मेरे अनेक जन्म पहले भी हो चुके हैं। उनके बारे में कोई नहीं जानता, लेकिन मुझे सबका ज्ञान है। मैं जन्म-मृत्यु से परे, नाशहीन तथा इस जगत् का ईश्वर होते हुए भी अपने इस स्वभाव को वशीभूत कर अपनी योगमाया से सृष्टि के उद्धार हेतु जब-तब मनुष्य-रूप में अवतार लेता हूँ।"

भारत में पौराणिक काल से 'अवतारवाद' की अवधारणा बलवती है। हिंदू धर्म ग्रंथों में कहा गया है कि 'जब-जब पापियों तथा अत्याचारियों का प्रभाव बढ़ता है, तब-तब उनके विनाश तथा प्राणियों की रक्षा के लिए ईश्वर अवतरित होता है।' अठारह प्रमुख पुराणों में बार-बार इस कथन का उल्लेख करते हुए ईश्वरीय अवतारों की चर्चा की गई है। उनके अनुसार राम, कृष्ण, बुद्ध अवतारवाद की कड़ी के प्रमुख हिस्से हैं। 'मानव-कल्याण के लिए ईश्वर अवतरित होता है'—यह तथ्य हिंदुओं के धार्मिक विश्वास का प्रमुख आधार है।

भारतीय संस्कृति, सभ्यता और हिंदू धर्म में पूरी तरह से डूबने के कारण एनी बेसेंट भी अवतारवाद की उपर्युक्त धारणा से अछूती नहीं रहीं। उन्होंने गीता, रामायण तथा बौद्ध धर्म ग्रंथों का गहन अध्ययन किया था। इसके अतिरिक्त अध्यात्म तथा दर्शन-संबंधी प्राचीन पुस्तकों का भी उन्हें ज्ञान था। उन्होंने अनुभव किया कि ईसाई धर्म में 'ईसा मसीह', मुसलिम धर्म में 'मोहम्मद पैगंबर', सिख धर्म में 'गुरु नानकदेव', बौद्ध धर्म में 'महात्मा बुद्ध' तथा जैनियों में 'महावीर' भी कहीं-न-कहीं

अवतारवाद से संबंधित हैं। इसके फलस्वरूप 'अवतारवाद' में उनका विश्वास बढ़ता गया। फिर धीरे-धीरे यह उनके दर्शन का प्रमुख अंग बन गया।

अवतार का आगमन

'अवतारवाद' पर अपने विचार व्यक्त करते हुए एनी बेसेंट ने एक व्याख्यान दिया। उसमें उन्होंने कहा, "ईश्वर का मानवीय रूप ही 'ईश्वरीय अवतार' है। संसार की आवश्यकताओं के परिप्रेक्ष्य में विभिन्न कालों में अलौकिक सत्ता मानवीय रूप में अवतरित होती है। राम, कृष्ण, बुद्ध, ईसा मसीह—ये ईश्वर के मानवीय रूप हैं। वस्तुतः ईश्वर स्थूल रूप में संसार के कण-कण में विद्यमान है। यह आध्यात्मिक धारणा नहीं है, वरन् लोग इसे पहचान सकते हैं। इसलिए हमें इस सत्य में विश्वास है कि ईश्वर अवतरित होंगे।"

सन् 1910 में यूरोपीय यात्रा के दौरान एनी बेसेंट ने 'द कमिंग ऑफ क्राइस्ट' नामक व्याख्यान दिया, जिसमें उन्होंने ईश्वर के शीघ्र अवतरित होने का दावा किया। उनकी इस यात्रा को प्रचारित करते हुए 'थियोसॉफिस्ट' पत्रिका ने लिखा था कि 'श्रीमती बेसेंट की यह यूरोपीय यात्रा सार्वजनिक स्तर पर 'अवतार' के आगमन की सूचना में निहित है।'

विरोधियों द्वारा उनके दावे को उपहासपूर्ण माना गया, जबकि थियोसॉफिस्ट इसे सत्य-रूप में स्वीकार रहे थे। यही कारण था कि 'अवतारवाद' पर उनके दिए गए व्याख्यान विदेशों में बहुत लोकप्रिय हुए। उनकी सभाओं में दार्शनिकों और विचारकों का ताँता लगा रहता था। लोग व्यग्रता के साथ ईश्वरीय अवतार की प्रतीक्षा कर रहे थे।

अंततः उनका इंतजार समाप्त हुआ। सन् 1911 में एनी बेसेंट ने 'नए अवतार' से विश्व का परिचय करवाया, जिसका नाम था—'जिद्दु कृष्ण मूर्ति'

जिद्दु कृष्ण मूर्ति

12 मई, 1895 को आंध्र प्रदेश के चित्तूर जिले के मदनापल्ली नामक छोटे से शहर में जनमा जिद्दु कृष्ण मूर्ति तेलुगु भाषी परिवार से संबंधित था। उसके पिता जिद्दु नारायणैया सरकारी महकमे में साधारण कर्मचारी थे। कृष्ण मूर्ति जब केवल दस वर्ष का था, तभी उसकी माता संजीवम्मा की मृत्यु हो गई थी। उनके ग्यारह बच्चों में से

केवल छह जीवित थे। चूँकि कृष्ण मूर्ति उनकी आठवीं संतान था, इसलिए उन्होंने स्नेहवश उसका नाम 'कृष्ण' रखा था।

नारायणैया सन् 1882 से थियोसॉफिकल सोसाइटी का सदस्य था। सन् 1907 में सेवानिवृत्त होने पर वह अड्यार आ गया और एनी बेसेंट की अनुमति से सोसाइटी में सहायक क्लर्क के रूप में कार्य करने लगा। वर्ष 1909 में वह अपने परिवार को भी अड्यार ले आया। लेकिन सोसाइटी के नियमों के अनुसार वहाँ सिर्फ वयस्क रह सकते थे। इसलिए उसने सोसाइटी के बाहर एक झोंपड़ी डाल ली और बच्चों सहित वहीं रहने लगा।

चार्ल्स लैडबीटर सोसाइटी के सक्रिय सदस्यों तथा एनी बेसेंट के निकटतम सहयोगियों में से एक थे। अड्यार नदी-तट पर भ्रमण करते हुए एक दिन कृष्ण मूर्ति पर उनकी दृष्टि पड़ी। साधारण, गंदा, प्रभावहीन और मंदबुद्धि कहलाने वाला चौदह वर्षीय वह बालक उन्हें 'विलक्षण' प्रतीत हुआ। लैडबीटर उसकी स्वार्थरहित अद्भुत आभा को देख चकित रह गए। उन्हें विश्वास हो गया कि 'यह बालक एक महान् आध्यात्मिक शिक्षक और प्रभावशाली वक्ता बनेगा।'

संरक्षण की लड़ाई

सन् 1910 में नारायणैया ने एनी बेसेंट से अनुरोध किया कि 'कृष्ण मूर्ति और उसके भाई नित्यानंद को वे अपने संरक्षण में ले लें।' अनुरोध स्वीकार करके ममतामयी एनी बेसेंट दोनों भाइयों को सोसाइटी की परिधि में ले आईं। तदनंतर उन्होंने उनकी शिक्षा-दीक्षा का दायित्व लैडबीटर को सौंप दिया।

लैडबीटर पहले से ही कृष्ण मूर्ति से प्रभावित थे। वे उसे शिक्षित करने के लिए जी-जान से जुट गए। उनके प्रयासों के फलस्वरूप केवल तेलुगु भाषा जानने वाला कृष्ण मूर्ति छह महीने में अंग्रेजी का विद्वान् हो गया। उसकी मानसिक शक्तियाँ तेजी से विकसित होने लगीं। यह देखकर सन् 1911 में एनी बेसेंट ने दोनों भाइयों को उच्च शिक्षा के लिए लंदन भेज दिया।

लेकिन नारायणैया को जब यह पता चला तो वह भयभीत हो उठा। यद्यपि वह थियोसॉफिस्ट था, तथापि उसमें ब्राह्मणवाद के अंश शेष थे। वह नियमित

पूजा-अर्चना करता था; धार्मिक नियमों को मानता था। उसे भय था कि विदेश में कृष्ण मूर्ति और नित्यानंद अपनी वास्तविक पहचान खो देंगे; हिंदुत्व से अलग हो जाएँगे। इसी भय के कारण बच्चों की 'कस्टडी' पुनः प्राप्त करने के लिए उसने सन् 1912 में मुकदमा दायर कर दिया। उसने एनी बेसेंट पर बच्चों को उसकी अनुमति के बिना विदेश भेजने का आरोप लगाया।

प्रत्युत्तर में एनी बेसेंट ने अपनी पैरवी करते हुए कहा था कि 'सन् 1910 में नारायणैया ने स्वयं उन्हें बच्चों के संरक्षण का अधिकार दिया था। तभी से उनकी शिक्षा-दीक्षा और पालन-पोषण की व्यवस्था उनके द्वारा की जा रही है। इस आधार पर बच्चों से संबंधित कोई भी निर्णय लेने के लिए वे पूर्ण रूप से स्वतंत्र हैं।'

हालाँकि मुकदमे का निर्णय नारायणैया के पक्ष में गया। लेकिन एनी बेसेंट हार मानने वाली नहीं थीं। वे पहले भी कानूनी विपदाओं का सामना कर चुकी थीं। उन्होंने लंदन की प्रिवी कौंसिल में अपील की। अंततः लंबे चले मुकदमे का सकारात्मक पटाक्षेप हुआ; कौंसिल ने कृष्ण मूर्ति और नित्यानंद का संरक्षण एनी बेसेंट को सौंप दिया।

परिवार से दूर होने के बाद दोनों बच्चे एनी बेसेंट के अधिक निकट आ गए। स्वयं कृष्ण मूर्ति ने यह तथ्य स्वीकाराते हुए कहा था, ''उनमें हमें 'ममतामयी माँ' दिखाई देती थीं। इसके बाद हमारे बीच का संबंध और भी मजबूत हो गया।''

विवादों का जाल

विदेशों में 'अवतारवाद' का प्रचार करने तथा 'कृष्ण मूर्ति' को 'अवतार' के रूप में प्रस्तुत करने के साथ ही एनी बेसेंट के विरुद्ध विरोध के स्वर प्रखर होने लगे थे। लगभग सभी धर्मों में उनके विरोधी उठ खड़े हुए। कट्टरपंथियों ने समाचार पत्रों द्वारा उनकी जमकर आलोचना की। उन्होंने आरोप लगाते हुए कहा, ''मिसेज एनी बेसेंट स्वयं को हिंदू मानती हैं और हिंदू धर्म के सिद्धांतों, परंपराओं व मान्यताओं को पुनर्जीवित करके विश्व भर में विख्यात हो चुकी हैं। परंतु वे लोगों को स्वधर्मी नहीं, बल्कि थियोसॉफिस्ट बनाना चाहती हैं। उनका यह प्रयास हिंदू धर्म के संरक्षकों की सहन शक्ति से बाहर है। वे धर्म की कीमत पर थियोसॉफी अंगीकार नहीं कर सकते। श्रीमती एनी बेसेंट ने कभी किसी 'महात्मा' को देखने का दावा नहीं किया है और न ही वे किसी आश्रम या महात्मा के आवास पर गई हैं। इसलिए हिंदुओं के हित में यही है कि वे अपने पूर्वजों के पुरातन धर्म का अनुपालन करें। ऐसे मूर्खतापूर्ण पथ

पर न चलें, जिसमें एक अंग्रेज नारी को 'देवी' मान लिया गया है।''

ऐसा ही वक्तव्य बर्मा के बौद्ध संप्रदाय ने भी प्रकाशित किया। उन्होंने कहा कि 'हम अपने धर्म में पूरी तरह से संतुष्ट हैं। इसलिए थियोसॉफी स्वीकार करने के लिए हमारे पास कोई विशेष कारण नहीं है।''

एनी बेसेंट के लिए ये आरोप पीड़ादायक थे। उन्होंने दुःखी होकर कहा, ''अनेक वर्षों से मैं चारों जातियों के संदर्भ में भारतीय धर्म के पुनर्जागरण की चेष्टा करती रही हूँ। लेकिन अब मैं समझ चुकी हूँ कि तथाकथित सर्वोच्च 'ब्राह्मण' जाति को पुरातन कर्तव्यों की ओर नहीं ले जा सकती। जहाँ तक अस्पृश्य जाति का प्रश्न है, कट्टर हिंदुओं को उनके प्रति उदार करना अत्यंत दुष्कर है। आप अंग्रेज शासकों के अशिष्ट व्यवहार की जो शिकायत करते हैं, वह सत्य है। लेकिन क्या वे उतने ही असहिष्णु हैं, जितने आप अछूतों के प्रति हैं जिन्हें आपने अपना दास बना रखा है? वास्तव में पदार्थवादी और कट्टरपंथी एकजुट हो गए हैं। उसका परिणाम ही इस खंडनात्मक संकट के रूप में निकल रहा है। मेरे विचार में हम पर प्रहार करनेवाले कट्टरपंथी सज्जन यकीन करते हैं कि ऐसा करके वे ईश्वर के लिए कार्य कर रहे हैं। लेकिन उनकी यह सोच अज्ञानता से भरी हुई है।''

स्कूल का हस्तांतरण

'सेंट्रल हिंदू स्कूल' की आर्थिक स्थिति निरंतर खराब हो रही थी। एनी बेसेंट द्वारा कृष्ण मूर्ति को देवत्व दिए जाने के विरोधस्वरूप डॉ. भगवान दास सहित 25 अध्यापक त्यागपत्र दे चुके थे। हिंदू कट्टरपंथियों द्वारा लगाए गए आरोपों के कारण स्कूल प्रशासन दबाव में था। कुछ लोग तो उन्हें स्कूल प्रेजीडेंट के पद से हटाने की माँग भी करने लगे थे। एनी बेसेंट का स्वप्न था कि एक दिन वे स्कूल को 'नेशनल इंडियन यूनिवर्सिटी' में परिवर्तित करेंगी, परंतु बिगड़ते हालात देख वे इस स्वप्न को साकार नहीं कर सकीं।

उन्हीं दिनों पंडित मदनमोहन मालवीय शिक्षा के क्षेत्र में राष्ट्रीय नेता बनकर उभरे। वे बनारस में हिंदू विश्वविद्यालय की स्थापना के इच्छुक थे। एनी बेसेंट ने 27 नवंबर, 1915 को 'सेंट्रल हिंदू स्कूल' उन्हें हस्तांतरित कर दिया।

❑

26

होमरूल लीग

सन् 1747 में अंग्रेजी प्रभुत्व के साथ ही भारत का गौरवशाली और स्वर्णमयी युग गुलामी के काले युग में परिवर्तित हो गया। इस दौरान अपमान, अत्याचार, दमन और शोषण द्वारा भारतीय समाज को बुरी तरह कुचला गया। जब विश्व विकास की ओर अग्रसर था, अंग्रेज भारत का शोषण कर रहे थे; उसके सामाजिक ढाँचे को तहस-नहस कर दमनकारी नीतियों द्वारा लोगों की भावनाओं, आवश्यकताओं और अधिकारों को दबा रहे थे। लेकिन प्रकृति के नियमानुसार इस दबाव के फलस्वरूप जनाक्रोश का ज्वालामुखी फूट पड़ा। 1857 की क्रांति इसी ज्वालामुखी की लपटें थीं। यद्यपि कूटनीति और शक्ति के बल पर अंग्रेजों ने क्रांति को असफल कर दिया था, तथापि भारतीय समाज में इसका व्यापक प्रभाव फैल चुका था। इसके चलते भारत के कोने-कोने से स्वराज्य-प्राप्ति की माँग उठने लगी। उन दिनों बाल गंगाधर तिलक, लाला लाजपत राय, विपिनंचद्र पाल, जी.एस. खापर्डे, मोहम्मद अली जिन्ना जैसे राष्ट्रीय नेता सक्रिय थे। नरम नीतियों द्वारा ब्रिटिश सरकार से अपनी बात मनवाने के लिए वे शांतिपूर्ण वार्त्ता के समर्थक थे।

सन् 1914 में दुनिया प्रथम विश्व युद्ध की आग में झुलस रही थी। ब्रिटिश सरकार ने भारत को भी युद्ध में झोंक दिया। ऐसे समय में एनी बेसेंट ने 'न्यू इंडिया' नामक पत्र के माध्यम से भारतीय जनता का 'होमरूल' से परिचय करवाया। वे ब्रिटेन और भारत के बीच आपसी तालमेल, सहयोग तथा विश्वास पैदा करना चाहती थीं। पत्र में उन्होंने लिखा, "मेरे मस्तिष्क को यही बात आकर्षित करती है कि ब्रिटेन और भारत को परस्पर निकट लाना है, जिससे सरकार भारतवासियों की आवश्यकताओं और गतिविधियों को समझ सके। इसी पर भारत में ब्रिटेन का भविष्य निर्भर करेगा। इसके लिए होमरूल की योजना सार्थक है। इसके अंतर्गत ग्राम पंचायत, म्यूनिसिपल बोर्ड, असेंबली, सरकारी समितियों तथा संसद् में भारतीय लोग प्रतिनिधि के रूप में जा सकेंगे।"

वस्तुत: प्रथम विश्वयुद्ध के साथ ही एनी बेसेंट का राजनीतिक जीवन आरंभ हुआ। उनके रूप में दमन सहती भारतीय जनता को आशा की नई किरण दिखाई दी।

भारतीय राजनीतिक पटल पर एनी बेसेंट का आगमन उन परिस्थितियों में हुआ था, जब देश को एक सशक्त नेतृत्व की आवश्यकता थी। सन् 1915 में भारत के एक प्रमुख राजनेता गोपालकृष्ण गोखले और फिरोजशाह मेहता का निधन हो चुका था; डी.ई. वाचा बुजुर्ग होने के कारण नेतृत्व में असमर्थ थे; सुरेंद्रनाथ बनर्जी नवीन विचारों से अनभिज्ञ थे। तत्कालीन घटनाओं ने जेल से छूटे बाल गंगाधर तिलक को बुरी तरह से हिला दिया था। भारत के विभिन्न क्षेत्रों में जाकर लोगों को एकजुट करना उनके लिए संभव नहीं था। उधर अमेरिका में लाला लाजपत राय भारत में घटते घटनाक्रम से सहमत नहीं थे। गांधीजी को दक्षिण अफ्रीका से आए कुछ ही दिन हुए थे, इसलिए वे भी अभी पूरी तरह से सक्रिय नहीं थे।

इन विकट परिस्थितियों में एनी बेसेंट ने भारतीय आंदोलन की बागडोर थाम ली। केवल वे ही ऐसी नेत्री थीं, जो भारतीय राष्ट्रीय कांग्रेस की ढुलमुल नीतियों से असंतुष्ट थीं। वे शीघ्र परिणाम चाहती थीं, अत: उन्होंने 'अखिल भारतीय होमरूल लीग' की स्थापना की। इसमें मोहम्मद अली जिन्ना, बाल गंगाधर तिलक, जोसेफ बप्तिस्ता, जी.एस. खापर्डे तथा सर सुब्रमण्यम अय्यर सम्मिलित थे। इसका राष्ट्रीय केंद्र दिल्ली में स्थापित किया गया; बंबई, कलकत्ता तथा मद्रास इसकी गतिविधियों के प्रमुख केंद्र थे। तिलक ने पूना में लीग की शाखा स्थापित की, जबकि मोहम्मद अली जिन्ना बंबई केंद्र के प्रमुख बने।

लीग के उद्देश्य

सितंबर 1915 में स्थापित होमरूल लीग द्वारा एनी बेसेंट ने 'ब्रिटिश शासन के अधीन भारतीय लोगों द्वारा भारत में शासन' की माँग की थी। लीग के अंतर्गत उन्होंने निम्नलिखित महत्त्वपूर्ण उद्देश्य स्पष्ट किए—

- कानून बनाने तथा टैक्स निर्धारण के लिए लोगों द्वारा अपने प्रतिनिधियों को असेंबली में भेजने का अधिकार।
- प्रत्येक बच्चे के लिए नि:शुल्क तथा अनिवार्य शिक्षा की व्यवस्था।
- भारत के प्रत्येक नागरिक के लिए सम्मानजनक जीवन।
- प्रत्येक भारतीय को जाति, लिंग, धर्म और रंग के भेदभाव के बिना ग्राम पंचायत, जिला बोर्ड, म्यूनिसिपल बोर्ड तथा सरकारी समितियों में सम्मिलित होने का अधिकार।

- जन्म लेनेवाले प्रत्येक भारतीय बच्चे के लिए आधारभूत सुविधाएँ।
- गोरे और काले लोगों में कानूनी समानता।
- भारतीयों को राज्य-स्तर पर अपने सामाजिक, आर्थिक और राजनीतिक मामलों को सुलझाने का अधिकार। शांति, युद्ध जैसे अंतरराष्ट्रीय मामलों को देखने के लिए कॉमनवेल्थ कौंसिल (भारत और ब्रिटेन की संयुक्त समिति) की स्थापना।
- राजनीतिक मामलों में सी.आई.डी. के हस्तक्षेप पर प्रतिबंध।
- पुलिस तंत्र पर नियंत्रण, जिससे शासक बनने की अपेक्षा वह लोगों की सहायक बने।
- विदेशी सेना पर निर्भर न रहते हुए भारत की सुरक्षा का दायित्व भारतीयों को सौंपना।
- कॉमनवेल्थ में एक स्वतंत्र राष्ट्र के रूप में पहचान, जिसमें लोग गुलाम होने की बजाए भारत के स्वतंत्र नागरिक हों।

भारत की स्वतंत्रता के संबंध में एनी बेसेंट ने माँग की थे–

- जिस तरह अंग्रेज ब्रिटेन में स्वतंत्र हैं, उसी तरह भारतीय लोग भारत में स्वतंत्र हों।
- भारत की अपनी सेना (थल व जल), अपने हथियार तथा अपने सैनिक होने चाहिए।
- अपना बजट और अपने टैक्स होने चाहिए।
- लोग शिक्षित होने चाहिए।

प्रतिबंध का दाँव

28 अप्रैल, 1916 को होमरूल लीग पूर्ण रूप से स्थापित हो गई। तदनंतर एनी बेसेंट की अगुवाई में भारतीय जनता अपने अधिकारों की माँग करने लगी। शीघ्र ही देश भर में होमरूल आंदोलन फैल गया। उसमें एनी बेसेंट द्वारा संचालित 'न्यू इंडिया' पत्र का योगदान सराहनीय था। इससे ब्रिटिश सरकार तिलमिला उठी और 'न्यू इंडिया' को 2,000 रू की जमानत जमा कराने का आदेश दिया।

अचानक मिले इस आदेश से एनी स्तंभित रह गईं। उन्होंने पलटवार करते हुए लिखा, "जमानत देने का कोई स्पष्ट कारण नहीं दिया गया है। यदि हमने कोई अपराध किया है, तो क्या हम उसका कारण नहीं जान सकते? यह स्थिति 'तुम्हारा पैसा अथवा तुम्हारी जिंदगी' वाली है। जमानत देने के बाद अपराध न जानने की स्थिति में हम वह अपराध अगले दिन पुनः कर सकते हैं। हमारी दी हुई जमानत ऐसे ही जब्त हो जाती है और पुनः धन माँग लिया जाता है। मद्रास तथा शेष भारत में ब्रिटिश न्याय का यही नमूना है। लेकिन मैं इस अन्याय के समक्ष नहीं झुक सकती।"

एनी बेसेंट ने जमानत देने से इनकार करते हुए मद्रास हाई कोर्ट में अपील की। उनका साहस देखकर देश भर में उनके लिए सहानुभूति की लहर दौड़ पड़ी। लोग सार्वजनिक सभाएँ कर धन एकत्रित करने लगे। लेकिन कोर्ट ने अपील खारिज करते हुए 'न्यू इंडिया' को जमानत देने के लिए कहा। बंबई में भारतीय प्रेस संघ ने प्रस्ताव पारित करते हुए इसे 'संपादक (एनी बेसेंट) के प्रति अन्याय' की संज्ञा दी। उन्होंने 'प्रेस की स्वतंत्रता' के लिए वायसराय से अपील की। लेकिन उनकी माँग अस्वीकार करते हुए वायसराय ने एनी बेसेंट के कार्य भी प्रतिबंधित कर दिए।

इससे क्रोधित होकर एनी बेसेंट ने कहा, "वे मुझ पर जितने अधिक प्रहार करेंगे, भारत उतना ही इस तानाशाही से स्वतंत्र होने की कोशिश करेगा।"

सरकार को चुनौती

"ब्रिटेन का उपनिवेश होने के कारण भारत को होमरूल का अधिकार है। कांग्रेस सन् 1906 से स्वराज्य की माँग कर रही है। कलकत्ता अधिवेशन में भी सार्वजनिक रूप से इसे समर्थन दिया गया था। सन् 1915 में मैंने 'स्वराज्य' की जगह 'होमरूल' शब्द का प्रयोग किया था। होमरूल 'सेल्फ गवर्नमेंट' की अपेक्षा छोटा और अधिक स्पष्ट है। मैंने इसे 'ब्रिटिश शासन के अंतर्गत' कहा था। इसका अर्थ यह है कि भारत अपने घर का स्वामी होगा। 'होमरूल' भारतीय युवकों व महिलाओं के कल्याण तथा आर्थिक और सामाजिक परिस्थितियों पर नियंत्रण रखने के लिए होना चाहिए। इसलिए मैं बार-बार 'होमरूल' की माँग करती हूँ।"

सितंबर 1916 में दिए गए उपर्युक्त भाषण द्वारा एनी ने अपने इरादे स्पष्ट कर दिए। इसके बाद वे मुसलिम लीग तथा कांग्रेस कमेटी की बैठक में सम्मिलित हुईं और संयुक्त रूप से सुधार की योजना पारित की।

सरकार एनी बेसेंट के सार्वजनिक कार्यों को प्रतिबंधित कर चुकी थी। ऐसे में

'होमरूल' की माँग और राजनीतिक दलों में सामंजस्य तथा उन्हें सरकार के विरुद्ध एकजुट करने का प्रयास सरकार के लिए खुली चुनौती थी।

कैद और रिहाई

16 जून, 1917 को भारत के तत्कालीन गवर्नर लॉर्ड पैंटलैंड ने एनी बेसेंट से भेंट की और उन्हें चेतावनी भरे स्वर में कहा, ''मिसेज बेसेंट! विरोधियों के साथ हम किसी प्रकार का भेदभाव नहीं करते। यदि आप नियंत्रण नहीं रखेंगी तो भारत में आपकी समस्त गतिविधियाँ स्थगित कर दी जाएँगी।''

वे प्रत्युत्तर देते हुए बोलीं, ''अच्छा यही होगा कि सरकार भेदभाव की नीति का पूर्णतया त्याग कर दे। यदि वह ऐसा करने में सफल हो गई तो भारत में उसके विरुद्ध व्याप्त असंतोष हमेशा के लिए समाप्त हो जाएगा।''

एनी बेसेंट सरकार की नीयत समझ चुकी थीं। उन्होंने अपने सहयोगियों को संबोधित करते हुए कहा, ''सम्मान खोने से अच्छा आजादी खोना है। भारतीय सम्मान के बदले मुझे ब्रिटिश साम्राज्य की स्वतंत्रता नहीं चाहिए। अपराध करने की अपेक्षा अपराध सहना अधिक अच्छा है। मैं वृद्ध हो चुकी हूँ, लेकिन मुझे विश्वास है कि मरने से पूर्व मैं भारत में स्वराज्य अवश्य देखूँगी। यदि स्वराज्य की प्राप्ति में मैंने थोड़ा सा भी योगदान दिया है तो मैं उसमें संतुष्ट हूँ। ईश्वर भारत की रक्षा करेंगे।''

जैसाकि एनी बेसेंट को पूर्वाभास हो चुका था, शनिवार 16 जून, 1971 जून की शाम उन्हें बंदी बना लिया गया। उनके सहयोगी बी.पी. वाडिया और जी.एस. अरुंडेल भी जेल में डाल दिए गए। सरकार ने बंदियों को ऊटी स्थानांतरित कर दिया।

सरकार के इस कार्य की कड़ी आलोचना हुई। देश भर में विरोध प्रदर्शन होने लगे। सुब्रमण्यम अय्यर ने विरोधस्वरूप 'सर' की उपाधि लौट दी। एनी बेसेंट की अनुपस्थिति में मदनमोहन मालवीय, सुरेंद्रनाथ बनर्जी और मोहम्मद अली जिन्ना ने होमरूल का नेतृत्व सँभाला। गांधीजी के आदेश पर जमनादास, द्वारकादास और शंकरलाल बैंकर ने कारावास तक मार्च के लिए एक हजार हस्ताक्षर एकत्रित किए।

लार्ड मांटेग्यु की भारत यात्रा, एनी बेसेंट के बिगड़ते स्वास्थ्य तथा बढ़ते विरोध के कारण सरकार ने अंततः 20 अगस्त, 1917 को तीनों बंदी रिहा कर दिए। लोगों ने अपनी प्रिय नेता का भव्य स्वागत किया। उनके सम्मान में सभाएँ आयोजित की गईं; जुलूस निकाले गए।

कांग्रेस अध्यक्ष

एनी बेसेंट का राजनीतिक कद दिन-प्रतिदिन बढ़ रहा था। उनके व्याख्यानों और राजनीतिक कार्यों ने उन्हें लोकप्रिय बना दिया था। वे जिधर जातीं, उन्हें सुनने के लिए लोगों की भीड़ उमड़ पड़ती। उनके प्रभाव से तत्कालीन नेतागण परिचित थे। इसलिए सन् 1917 में कलकत्ता में आयोजित होनेवाले भारतीय राष्ट्रीय कांग्रेस अधिवेशन की अध्यक्षता के लिए उन्हें सर्वसम्मति से चुना गया।

इस संदर्भ में कांग्रेसी सदस्यों का कथन था, "ब्रिटिश होने के बाद भी वे देश की राजनीति का एक मजबूत स्तंभ हैं। उनका व्यक्तित्व अंतरराष्ट्रीय स्तर पर पहुँच चुका है। हमारा प्रभाव देश तक सीमित है, परंतु वे विदेशी समाज में भी घुली-मिली हैं। इस दृष्टि से वे हमसे एक कदम आगे हैं। हमें विश्वास है कि उनकी अध्यक्षता में कांग्रेस एक नई परिपाटी को जन्म देगी; उनके नेतृत्व में पुरातन विचारों का नई पद्धति से नवीनीकरण होगा।"

इस तरह ब्रिटिश होने के बाद भी एनी बेसेंट को भारतीय राष्ट्रीय कांग्रेस की अध्यक्ष बनने का गौरव प्राप्त हुआ।

❑

27

अंतिम यात्रा

एनी बेसेंट 86 वर्ष की हो चुकी थीं। जीवन के इस लंबे सफर में उन्होंने कई उतार-चढ़ाव देखे थे। संघर्षमय बचपन, विवाह की विफलता, परिवार से बिछोह, समाज का तिरस्कार, आत्मनिर्भरता की लड़ाई, कट्टरपंथियों के प्रहार—न जाने ऐसे कितने आघात थे, जो उन्होंने कभी चुप रहकर तो कभी विरोध करते हुए सहे थे।

वर्ष 1920 से 1932 के बीच की समयावधि उनके लिए खट्टे-मीठे अनुभव वाली रही। इन वर्षों में उन्होंने एक ओर ब्रिटिश सरकार द्वारा भारत में लागू किए गए 'रोलेट एक्ट' जैसे अमानवीय कानूनों तथा 'साइमन कमीशन' जैसी समितियों का विरोध किया तो दूसरी ओर इंग्लैंड में महिला आंदोलन का समर्थन करते हुए महिला मताधिकार की माँग की थी। लेकिन अब उम्र का प्रभाव उनके शरीर पर दिखने लगा था। कमजोर होती नजर और काँपते हाथ उन पर बुढ़ापे के हावी होने का संकेत देने लगे थे। कार्य का बोझ कम करने के लिए उन्होंने स्वयं को भारतीय राजनीति से समेटकर केवल थियोसॉफी की सभाओं तक सीमित कर लिया था।

सन् 1933 के आरंभिक महीनों में बीमारी ने एनी बेसेंट को बुरी तरह से घेर लिया। यद्यपि वे भारत लौटने के लिए बेचैन थीं, परंतु अस्वस्थता के कारण लगभग छह महीने उन्हें लंदन में रहना पड़ा। फिर थोड़ी स्वस्थ होते ही वे भारत लौट आईं। लेकिन बीमारियों ने यहाँ भी उनका पीछा नहीं छोड़ा।

उनके गिरते स्वास्थ्य के बारे में भगवान दास ने लिखा था, ''इंग्लैंड से लौटने के बाद से उनका चेहरा विकारग्रस्त दिखने लगा था। वे शब्दों को स्पष्ट नहीं बोल सकती थीं। उनकी स्मरण शक्ति जवाब दे चुकी थी; छोटी-छोटी बातें भी उन्हें याद नहीं रहती थीं। बढ़ती उम्र के कारण उनकी आँखों की रोशनी तेजी से कम हो रही थी। उनकी बिगड़ती हालत देखकर भारत में 'थियोसॉफी' की अनेक सभाएँ रद्द करनी पड़ी थीं।''

उनकी अस्वस्थता के चलते देश-विदेश में विभिन्न अटकलें लगाई जाने लगी थीं। पत्र इस बारे में अपना-अपना दृष्टिकोण प्रकाशित कर रहे थे। कलकत्ता के एक समाचार पत्र ने भविष्यवाणी तक कर दी थी, ''दो महीने से उनकी हालत चिंताजनक है। ऐसा प्रतीत होता है कि शीघ्र ही हम एक महान् व्यक्तित्व को खो देंगे। यदि ऐसा होता है तो निस्संदेह संपूर्ण विश्व के लिए यह भारी क्षति होगी।''

एनी बेसेंट के निकटतम मित्र और संबंधी भी इस तथ्य को स्वीकार चुके थे। उन्हें लंदन से विदा करते समय उनके बेटे डिग्बी बेसेंट ने जो महसूस किया था, उसे अक्षरशः कागज पर उतार दिया, ''वे अब अधिक बूढ़ी लगने लगी हैं। जीवन भर जो दुःख व संघर्ष उन्होंने अपनी मुसकराहट के पीछे छिपा रखे थे, उनके निशान चेहरे पर स्पष्ट उभर आए हैं। वे अकसर भारत जाती हैं, लेकिन आज उन्हें विदा करते समय मन भर आया। ऐसा लग रहा था मानो यह उनकी अंतिम यात्रा है; इसके बाद मेरी उनसे पुनः भेंट नहीं होगी। भविष्य के गर्भ में क्या छिपा है, कोई नहीं जानता!''

अलविदा एनी!

19 सितंबर, 1933; सूरज के पश्चिम में छिपते ही आसमान में छुट-पुट तारे टिमटिमाने लगे। सफेद चादर उतारकर प्रकृति रात की काली चादर ओढ़ने की तैयारी करने लगी थी। नदी को छूकर आती ठंडी हवाएँ सिहरन पैदा कर रही थीं। चारों तरफ अजीब सी नीरसता थी; सबकुछ शांत था। लेकिन हरे-भरे वृक्षों से घिरी थियोसॉफिकल की इमारत में हलचल थी। ऊपरी मंजिल के एक कक्ष में एनी बेसेंट अचेत थीं। डॉक्टर जी. श्रीनिवासमूर्ति उन्हें होश में लाने का प्रयत्न कर रहे थे। कक्ष में सेक्रेटरी श्रीराम, नौकर लक्ष्मण तथा अन्य मित्र व संबंधी भी उपस्थित थे।

पिछले पाँच दिनों से एनी बेसेंट ने खाना-पीना छोड़ दिया था, जिसके कारण उनका कमजोर शरीर निष्प्राण-सा हो गया था। वे बार-बार अचेत हो रही थीं। अथक प्रयत्नों के बाद आधी रात के समय एनी बेसेंट होश में आईं। उन्होंने धीरे-धीरे पलकें खोलीं और आसपास खड़े हुए लोगों को देखने लगीं।

''आप कैसा महसूस कर रही हैं, मिसेज बेसेंट?'' श्रीनिवासमूर्ति ने नब्ज जाँचते हुए पूछा।

कुछ बोलने की बजाए उन्होंने 'ठीक है' के अंदाज में सिर हिलाया।

''अन्नाबाई! कुछ खाने के लिए ले आऊँ?'' लक्ष्मण ने 'हाँ' की उम्मीद से देखते हुए पूछा।

"नहीं, मुझे भूख नहीं है।" इस बार एनी ने शब्दों में प्रत्युत्तर दिया।

लक्ष्मण को असफल होते देख श्रीनिवासमूर्ति ने मोर्चा सँभाला, "आपको थोड़ा-बहुत खा लेना चाहिए। इस तरह अन्न-जल छोड़ने से जल्दी ठीक कैसे होंगी? देश-विदेश में आपके ठीक होने की प्रार्थनाएँ की जा रही हैं। लोग आपको फिर से अपने बीच देखना चाहते हैं।"

एनी हलके से मुसकराते हुए बोलीं, "मुझे बहलाने की कोशिश मत करें। आप यह बात अच्छी तरह जानते हैं कि मेरे जाने का समय निकट आ चुका है। जल्दी ही मैं आप सबसे विदा लेने वाली हूँ।"

उपस्थित लोगों की आँखों में आँसू उतर आए। आज भी उनके शब्दों में वह जादू था, जो लोगों की भावनाओं को आंदोलित कर रहा था। श्रीनिवासमूर्ति ने स्वयं को सँभालते हुए कहा, "ठीक है, फिर आप आराम करें।"

तदनंतर उनके संकेत पर नर्स ने इंजेक्शन लगा दिया।

लेकिन नींद उनसे कोसों दूर थी। वे पलकें बंद करके गहरी सोच में डूब गईं। जीवन की आपाधापी, उतार-चढ़ाव, संघर्ष—सब एक-एक कर उनके मस्तिष्क में उभरने लगे। स्मृतियों के पन्ने पलटने लगीं तो जीवन का एक-एक दृश्य सामने आने लगा। उसमें भी दुःखद क्षण अधिक थे।

माता-पिता की लाड़ली एनी को वक्त के थपेड़ों ने कितने गहरे घाव दिए थे! उनसे अगाध प्रेम करनेवाले फ्रैंक बेसेंट का क्रूरतम रूप, बच्चों का बिछोह, समाज की प्रताड़ना, ब्रैडलॉफ से अलगाव, सेंट्रल हिंदू स्कूल का परित्याग, विश्वासघात की पीड़ा—उनके अंतर्मन पर सभी निशान ज्यों-के-त्यों मौजूद थे। उनके जीवन के बहुमूल्य क्षण दुःख और संघर्ष के बीच खो गए थे। लेकिन एनी ने उन सभी को 'क्षमा' कर दिया था, जो उनके दुःख के कारण बने थे।

अब पिछली यादों से निकलकर कुछ देर ठहरने और फिर आगे के सफर पर बढ़ जाने का समय आ चुका था। उन्होंने दीवार लटके मैडम ब्लैवत्स्की के चित्र को निहारा और भारी होती पलकों को बंद कर लिया। तदनंतर वे सदा के लिए मृत्यु के आगोश में सो गईं। रीति-रिवाजों, धार्मिक बंधनों, आरोपों, अभियोगों, सामाजिक विरोध से मुक्त होकर उनकी आत्मा 'ईश्वर' में मिल चुकी थी। प्रकृति का एक-एक कण उस महा-आत्मा को नमन करते हुए कह रहा था—'अलविदा एनी!'

20 सितंबर, 1933; घड़ी की सुइयाँ प्रातः के चार बजने की सूचना दे रही थीं। कक्ष में रुदन का स्वर तेज होने लगा था।

अंतिम संस्कार

एनी बेसेंट की मृत्यु से लोगों में शोक की लहर दौड़ गई। विश्व के लिए यह एक बड़ा आघात था। शीघ्र ही उनके अंतिम दर्शन के लिए लोगों का ताँता लग गया; देश-विदेश से संवेदना-संदेश आने लगे। 20 सितंबर की सुबह श्वेत वस्त्र में लिपटा उनका पार्थिव शरीर मैडम ब्लैवत्स्की और हैनरी ऑल्कट की मूर्तियों के समक्ष ले जाया गया। उनके मृतक शरीर पर सोसाइटी का एक छोटा झंडा सुशोभित था। तदनंतर थियोसॉफिकल की 54 शाखाओं के झंडों से घिरी उनकी अर्थी पूरे सम्मान के साथ चिता तक ले जाई गई। लैडबीटर ने पावन शरीर को मुखाग्नि देकर अड्यार नदी के तट को पवित्र तीर्थ स्थल में परिवर्तित कर दिया।

पार्थिव शरीर धू-धूकर जल रहा था। ऊपर उठती हुई लपटें उसके तेज से अनंत आकाश को प्रकाशित कर रही थीं। बिछोह के इस दृश्य को देखकर उपस्थित जनसमुदाय भावुक हो उठा; 'अन्नाबाई' चली गई थीं।

एनी बेसेंट की इच्छा थी कि उनकी भस्म व अस्थियाँ गंगा में प्रवाहित की जाएँ। लेकिन उनके समर्थक उनकी समाधि बनाना चाहते थे। अत: दोनों बातों का सम्मान करते हुए उनकी भस्म का एक अंश संगम में प्रवाहित किया गया, जबकि दूसरा अंश अड्यार में समाधि के लिए रखा गया।

इस तरह एक महान् आत्मा ने संपूर्ण विश्व में ज्ञान का प्रचार-प्रसार करते हुए अंतत: पूर्णता प्राप्त कर ली।

श्रद्धांजलियाँ

"विश्व-इतिहास में आज का दिन सर्वाधिक दु:खद तथा क्षतिपूर्ण दिवस के रूप में अंकित किया जाएगा। श्रीमती एनी बेसेंट समाज के लिए एक महान् आदर्श थीं। उन्होंने सभी धर्मों, वर्गों व जातियों के बीच सामंजस्य स्थापित करने का अद्‌भुत साहस प्रस्तुत किया था। जीवन भर अनेक दु:ख सहने के बाद भी न झुकने की

प्रवृत्ति केवल उन्हीं में हो सकती थी। जब वे भारत आईं और देश को सम्मोहित कर लिया, तब मुझे उनसे मिलने का अवसर प्राप्त हुआ। यद्यपि हम दोनों में राजनीतिक मतभेद थे, परंतु उनके प्रति मेरी श्रद्धा कभी कम नहीं हुई। वे सदैव मेरे लिए श्रद्धेय और सम्मानीय रहेंगी।''

—महात्मा गांधी

''वे संघर्ष शक्ति से पूर्ण और बहुमुखी प्रतिभा से संपन्न एक महान् महिला थीं। धर्म, अध्यात्म, लेखन, शिक्षा, राजनीति, समाज-सेवा—प्रत्येक क्षेत्र में उनकी सौहार्दता और सहनशीलता ने उन्हें अनुपम बना दिया था। निस्संदेह अनंतकाल तक विश्व उन्हें स्मरण करता रहेगा।''

—पंडित जवाहरलाल नेहरू

''यद्यपि ब्रिटिश शासन के सौजन्य से भारत में आधुनिक शिक्षा का आरंभ हो चुका था, लेकिन उसे बनारस जैसे आध्यात्मिक शहर में शैक्षिक आंदोलन के रूप में पहुँचाने का श्रेय एनी बेसेंट को जाता है। उन्होंने लड़कों के साथ-साथ लड़कियों को भी शिक्षा के समुचित अवसर उपलब्ध कराए। उनके निधन से बनारस को अमूल्य क्षति हुई है।''

—डॉ. भगवान दास

''भारतीय अध्यात्म और हिंदू दर्शन को विश्व के कोने-कोने में फैलाकर उन्होंने लोगों को सत्य-अन्वेषण के लिए प्रेरित किया। वे दबाव या थोपने जैसे नियमों की अपेक्षा मनन-चिंतन के सिद्धांतों की समर्थक थीं। उनके निधन ने मेरे साथ-साथ थियोसॉफिकल समाज को भी अनाथ कर दिया है।''

—जिद्दु कृष्ण मूर्ति

''श्रीमती बेसेंट नारी-शक्ति का प्रत्यक्ष उदाहरण थीं। उन्होंने विश्व भर की महिलाओं को अपने अधिकारों की खातिर लड़ने को प्रेरित किया। मैं यह बात विश्वास के साथ कह सकती हूँ कि यदि वे न होतीं तो महात्मा गांधी न होते। उनके प्रयास सदैव अविस्मरणीय रहेंगे।''

—सरोजिनी नायडू

''श्रीमती बेसेंट ने भारतीय राजनीति को एक नया आयाम दिया। जिस समय देश को एक सशक्त नेता की आवश्यकता थी, उन्होंने न केवल उसका नेतृत्व किया

बल्कि तत्कालीन भारतीय नेताओं को 'होमरूल' के रूप में एक लक्ष्य भी सौंपा। उनके निधन का हार्दिक दुःख झेलते हुए हम उस दिव्यात्मा की चिर शांति के लिए प्रार्थना करते हैं।''

—सुभाषचंद्र बोस

''असंभव को संभव करने की क्षमता वे जीवनपर्यंत प्रदर्शित करती रहीं। अपने अंतिम दिनों में भी वे यूरोपीय महिलाओं के लिए एक सुखद जीवन की नींव रख गईं। ब्रिटेन के सामाजिक, धार्मिक तथा राजनीतिक क्षेत्र में उनका महत्त्वपूर्ण योगदान अविस्मृत रहेगा।''

—वायसराय विलिंगडन

❑

28

संस्मरण

'विश्व-बंधुत्व' का समर्थन

जब विश्व विभिन्न स्तरों पर बँटा हुआ था; निर्बल देश शक्तिशाली देशों के उपनिवेश बनकर गुलामी का जीवन जी रहे थे, उस समय एनी बेसेंट के मस्तिष्क में 'विश्व-बंधुत्व' का विचार उठ रहा था। उनका लक्ष्य 'मानवीय प्रेम' था और उसके लिए वे 'विश्व-बंधुत्व' की प्रबल समर्थक थीं। इस विषय पर उन्होंने एक लेख लिखा, जो 'ऑवर कॉर्नर' में प्रकाशित हुआ।

लेख के अनुसार, ''पिछले कई दिनों से ऐसे 'विश्व-बंधुत्व' का विचार मुझे आंदोलित कर रहा है, जो मानव-सेवा करके ईश्वर-सेवा का स्थान ले सके। इसके अंतर्गत व्यक्ति प्रेम में दीक्षित होकर भाईचारे को कर्म-रूप में अंगीकार करें। उसमें मानव-कल्याण के लिए कार्य करनेवाले व्यक्ति को; चाहे वह किसी भी देश, वर्ग या समाज का हिस्सा हो; मित्र समझा जाएगा। 'विश्व-बंधुत्व' को हम ऐसे धर्म के रूप में चित्रित करते हैं, जो अज्ञान और बुराई के आवरण को हटाकर अंतिम सत्य के रूप में न्याय के सिंहासन पर आसीन होगा। स्मरण रहे, सिर्फ वही व्यक्ति जीवन को सार्थक कर सकता है, जो निराशा के काले बादलों को अमर आशा के इंद्रधनुषी रंग से रंगीन कर सकता है।''

असत्य के उत्तरदायी

सन् 1870 के दशक में संपूर्ण यूरोप कट्टरवाद के जाल में उलझा हुआ था; चारों ओर धर्म का बोलबाला था। 'धर्म' विरोधी को तिरस्कृत व अपमानित दृष्टि से देखा जाता था। ऐसी परिस्थिति में एनी बेसेंट निरीश्वरवाद पर खुलकर वक्तव्य देने लगी थीं। उनके प्रगतिवादी विचारों से प्रभावित होकर एक समाज-सुधारक संस्था ने व्याख्यान देने के लिए उन्हें आमंत्रित किया। 'नेशनल रिफॉर्मर' में इस कार्यक्रम की रूपरेखा प्रकाशित हो चुकी थी।

निर्धारित दिन एनी बेसेंट सहयोगियों के साथ निर्धारित सभागार में व्याख्यान देने पहुँचीं। परंतु मुख्य द्वार पर लटकते बड़े से ताले को देखकर उनके आश्चर्य का ठिकाना न रहा। आयोजकों ने उन्हें यहीं का पता दिया था; दिन भी सही था। लेकिन दूर-दूर तक वहाँ कोई दिखाई नहीं दे रहा था। 'कहीं कार्यक्रम रद्द तो नहीं हो गया? यदि ऐसा है तो आयोजकों ने इसकी सूचना क्यों नहीं दी?' यही सोचते हुए वे वापस लौट गए।

यद्यपि आमंत्रित करनेवाली संस्था रूढ़िवादी मान्यताओं तथा सिद्धांतों की विरोधी थी। परंतु वह इतना साहस नहीं जुटा पाई कि निरीश्वरवादियों के साथ खड़े होकर 'धर्म सुधार' की चर्चा कर सके। इसलिए उसने आनन-फानन में कार्यक्रम रद्द कर दिया था।

बाद में एनी बेसेंट को सत्य का पता चला तो उन्होंने केवल इतना ही कहा, "संकीर्ण मानसिकता के बल पर समाज का सुधार कभी नहीं हो सकता। जो लोग ऐसा करने का दावा करते हैं, वस्तुतः वे असत्य फैलाने के उत्तरदायी हैं।"

निर्भयता की मूरत

लंकाशायर के डार्विन शहर में ईसाई धर्म का बोलबाला था। निरीश्वरवादियों को मारना अथवा प्रताड़ित करना उनके लिए गौरव की बात समझी जाती थी। वहाँ निरीश्वरवादियों का व्याख्यान देना असंभव-सा था। उनका भय इस कदर हावी था कि सभागार के मालिक गारंटी के रूप में पहले ही अग्रिम राशि वसूल लेते थे। उस पर भी समस्या ज्यों-की-त्यों बनी रहती थी। स्थानीय परिचित भी उनकी सहायता के लिए तैयार नहीं होते थे। इसी शहर में सन् 1875 में एनी बेसेंट का एक व्याख्यान आयोजित किया गया।

परिस्थितियों से बेखबर एनी बेसेंट जैसे ही सभागार में प्रविष्ट हुईं, तीखे नारों के साथ उनका स्वागत हुआ। भीड़ ने बाहर से भी सभागार को घेर लिया था। लेकिन सत्य-अन्वेषक एनी निडर थीं। उन्होंने चुनौती स्वीकार की और शोर-शराबे के बीच व्याख्यान देने लगीं। जैसे-जैसे उनका स्वर तीव्र होता गया, वैसे-वैसे सभा में शांति फैलने लगी। उन्होंने लगभग एक घंटे तक अपने वाक्-कौशल से श्रोताओं को बाँधे रखा, लेकिन बाहर की स्थिति पूर्ववत् बनी रही।

व्याख्यान समाप्ति के बाद बाहर निकलते समय उग्र भीड़ ने उन्हें घेर लिया। लेकिन उनकी दृढ़ता और निर्भयता देख सब सम्मोहित हो गए। फिर शीघ्र ही लोगों ने तितर-बितर होकर उन्हें जाने का मार्ग दे दिया।

एनी की परख

यात्रा के दौरान विभिन्न शहरों में वक्तव्य देते हुए एनी बेसेंट एबर्डीन पहुँचीं। वहाँ के लोग स्वभाववश बहुत कठोर और पारखी दृष्टि के थे। वे किसी व्यक्ति को भली-भाँति सुनने-समझने के बाद ही अपनी प्रतिक्रिया व्यक्त करते थे। ऐसे लोगों के समक्ष एनी बेसेंट को 'धार्मिक स्वतंत्रता' के विषय पर व्याख्यान देना था। वे मंच पर खड़ी हुईं, लेकिन न तो किसी ने तालियों से स्वागत किया और न ही शोर-शराबा हुआ। सभा में निस्तब्धता फैली हुई थी; सब उन्हें परखने के लिए तैयार थे।

भाषण के आरंभिक चरण में एनी बेसेंट श्रोताओं पर कोई भी प्रभाव छोड़ने में विफल रहीं। लेकिन जैसे-जैसे भाषण आगे बढ़ा, लोगों के चेहरों पर उत्साह और जोश के चिह्न दिखाई देने लगे। लगभग 25 मिनट बाद एक वाक्य पर किसी ने हलका सा प्रतिरोध किया। एनी ने तुरंत प्रतिक्रिया देते हुए वाक्य का अर्थ स्पष्ट कर दिया। पल भर में पूरा सभागार तालियों की गड़गड़ाहट से गूँज उठा; नीरसता और शांति का स्थान उल्लासपूर्ण शब्दों ने ले लिया। एबर्डीन के श्रोतागण एनी की परख कर चुके थे।

बहुमूल्य उपहार

गूढ़ और सारगर्भित भारतीय दर्शन से एनी बेसेंट बहुत प्रभावित थीं। वे इसका गहन मनन-चिंतन करना चाहती थीं। एक दिन उन्होंने भगवान दास के समक्ष अपनी इच्छा जाहिर कर दी। वे मुसकराते हुए बोले, ''न केवल भारत, बल्कि संपूर्ण विश्व में व्याप्त दर्शन का मूल आधार प्राचीन भारतीय धर्म ग्रंथ हैं। उनमें भी 'उपनिषद्' और 'भगवद् गीता' श्रेष्ठ हैं, जिनमें तथ्यों की दार्शनिक-चिंतन द्वारा नवीन व्याख्याएँ की गई हैं। आपको इन पुस्तकों का अध्ययन अवश्य करना चाहिए। इससे आपके दर्शन का क्षेत्र विस्तृत होगा।''

''मैंने इन पुस्तकों के बारे में काफी सुना है। मैं स्वयं इन्हें पढ़ना चाहती हूँ। क्या आप मेरे लिए इनकी व्यवस्था कर देंगे?'' एनी ने उत्सुक होकर पूछा।

भगवान दास आश्वस्त करते हुए बोले, ''चिंता मत कीजिए, मैं पुस्तकें शीघ्र उपलब्ध करा दूँगा।''

कुछ दिन बाद एनी बेसेंट ने बनारस से विदा लेकर बंबई जाने की तैयारी की। प्रस्थान करते समय भगवान दास पुस्तकें ले आए और उन्हें सौंपते हुए बोले, ''मेरी ओर से यह छोटा सा उपहार स्वीकार करें।''

कार्य की अधिकता के कारण एनी बेसेंट पुस्तकों की बात लगभग भूल ही गई थीं। सहसा उन्हें सामने देख वे बच्चों की तरह चहक उठीं। उन्होंने पुस्तकें ले लीं और प्रसन्नता व्यक्त करते हुए बोलीं, "इनमें दिया गया ज्ञान बहुमूल्य है। इसलिए आपका यह उपहार मेरे लिए छोटा नहीं हो सकता। इन्हें देकर आपने मुझ पर उपकार किया है।"

उनकी सहृदयता देखकर भगवान दास गद्गद हो उठे।

संस्कृति से अपनत्व

इंग्लैंड में जन्म लेने के बावजूद एनी बेसेंट को पाश्चात्य संस्कृति की अपेक्षा भारत के सांस्कृतिक वातावरण ने बहुत आकर्षित किया। तत्कालीन भारतीय समाज अभी तक भौतिकता के विष से अछूता था। सादगी, सौम्यता, स्नेह तथा अपनत्व यहाँ के निवासियों की विशेषताएँ थीं। यद्यपि भारतीय रीति-रिवाज व परंपराएँ पुराने सिद्धांतों पर आधारित थी, लेकिन उसकी सांस्कृतिक सुदृढ़ता और गौरव यथावत थे। यही कारण है कि भारत आकर एनी बेसेंट ने स्वयं को पूरी तरह से भारतीयता के रंग में ढाल लिया। उनके पहनावे, बोलचाल तथा व्यवहार में भारतीयता का गहरा असर दिखने लगा था। पश्चिमी वेशभूषा त्यागकर वे साड़ी जैसा परिधान पहनने लगीं। जमीन पर आलथी-पालथी मारकर भोजन करने की भारतीय शैली वे पहले ही अपना चुकी थीं।

एक बार किसी सज्जन ने उनसे प्रश्न किया था, "यूरोप में रहने के बाद भी भारतीय सभ्यता ने आपको इतना प्रभावित कैसे कर लिया?"

"उदारवाद, आदर्शवाद, बंधुत्व, अध्यात्म व दर्शन जैसे संस्कारों से युक्त होने के कारण भारतीय सभ्यता ने मुझे प्रभावित किया। इसका प्रत्यक्ष प्रमाण मेरे लेखन, व्याख्यानों तथा सिद्धांतों में देखा जा सकता है। इस संस्कृति से मुझे अपनत्व मिला है।" एनी बेसेंट ने बड़ी सहजता से प्रत्युत्तर दिया था।

नारी शिक्षा का महत्त्व

भारत में एनी बेसेंट पुरुषों के साथ-साथ नारी शिक्षा पर भी जोर दे रही थीं। लेखों और व्याख्यानों द्वारा वे इसका सार्वजनिक समर्थन करती थीं। उनका मानना था कि 'देश और समाज के चहुँमुखी विकास के लिए नारी शिक्षा परम आवश्यक है।

शिक्षित नारी परिवार में न केवल ज्ञान का स्रोत बनती है, वरन् मुसीबत में आत्मनिर्भर बनकर उसके भरण-पोषण में सहायक सिद्ध होती है। यह नारी की दशा को सुधारने तथा उसे उसके अधिकारों के प्रति सचेत करने का श्रेष्ठ माध्यम है।'

एनी बेसेंट के विचारों एवं शिक्षाप्रद लेखों ने भारतीय जनमानस को उद्वेलित कर दिया। लेकिन रूढ़िवादी पश्चिमी शिक्षा प्रणाली को भारत की राष्ट्रीयता का शत्रु समझते थे। उन्होंने प्रतिवाद किया, ''आपके विचार और बौद्धिकता पश्चिमी शिक्षा की उपज हैं। इसलिए नारी शिक्षा आपको उपयुक्त प्रतीत होती है। लेकिन भारतीय संस्कृति में नारी को घर का आभूषण समझा जाता है; संपूर्ण परिवार का दायित्व उसके कंधों पर होता है। आय अर्जित करने का काम पुरुषों का है, जबकि परिवार की सेवा करना नारी का कर्तव्य है। इस तरह भारतीय समाज में पुरुष और स्त्री के अलग-अलग कर्तव्य निर्धारित हैं। ऐसे में उसे शिक्षित करने से भारतीय पारिवारिक ढाँचा छिन्न-भिन्न हो जाएगा।''

''आपकी इसी सोच से समाज में संकीर्णता और शोषण की प्रवृत्ति बलवती होती है। वर्तमान समय में किसी भी संदर्भ में स्त्री को पुरुषों से कम आँकना भारी भूल है। पुराने सामाजिक ताने-बाने ने हमेशा नारी शक्ति को बाँधने का कार्य किया है, अन्यथा उसमें इतना बल है कि शिक्षित होकर वह परिवार के सभी दायित्व स्वयं वहन कर सकती है। इसका प्रत्यक्षत उदाहरण सरस्वती, लक्ष्मी तथा काली के रूप में है, जिनकी शक्ति के समक्ष आप सभी नतमस्तक होते हैं।'' प्रत्युत्तर देकर एनी बेसेंट ने विरोधियों को निरुत्तर कर दिया।

परिवर्तन की पहल

घटना वर्ष 1895 की है। एनी बेसेंट इंग्लैंड लौट रही थीं। पानी की लहरों को चीरता हुआ जहाज मध्यम गति से गंतव्य की ओर अग्रसर था। इस समुद्री यात्रा के दौरान जहाज पर उपस्थित प्रबुद्ध वर्ग के आग्रह पर एनी बेसेंट ने अनेक व्याख्यान दिए थे। उनके प्रगतिवादी विचारों से जहाज पर उपस्थित एक सोलह वर्षीय युवती अत्यंत प्रभावित हुई।

''क्या आपको विश्वास है कि समाज में परिवर्तन होगा?'' युवती ने उनसे प्रश्न किया।

एनी मुसकराते हुए बोलीं, ''अवश्य होगा। देखना, एक दिन समाज अपेक्षाओं के अनुरूप परिवर्तित हो जाएगा।''

"इसका दायित्व किसके कंधों पर है?" युवती ने अगला प्रश्न किया।

एनी बेसेंट ने एक पल उसे देखा। तदनंतर उसके सिर पर हाथ फेरते हुए बोलीं, "यह दायित्व युवा पीढ़ी पर है; तुम लोग परिवर्तन की लहर लाओगे।"

"परंतु हम यह परिवर्तन कैसे करेंगे? क्या आप इसका कोई सटीक उदाहरण दे सकती हैं?"

"भारतीय लोगों की दृष्टि में समुद्र पार करना, नारी को शिक्षा देना या अकेले दूरस्थ क्षेत्र में जाना अधर्म की बात है। लेकिन उनकी सोच के विपरीत तुम अकेली यूरोप में शिक्षा ग्रहण करने के लिए जा रही हो। ऐसा साहसिक कार्य करके तुमने स्वयं परिवर्तन की पहल है। इससे सटीक उदाहरण कौन सा होगा!"

एनी बेसेंट के उत्तर ने युवती को संतुष्ट कर दिया था।

प्रश्न करनेवाली युवती कोई और नहीं, भारत कोकिला सरोजिनी नायडू थीं। महीनों चलनेवाली इस समुद्री यात्रा के दौरान उन्हें एनी बेसेंट का भरपूर स्नेह मिला। उनके सान्निध्य से उनमें नए विचारों का उदय हुआ, जिससे उनके दृष्टिकोण को व्यापक विस्तार मिला।

❑

29

जीवन-दर्शन

'अन्नाबाई', 'बड़ी मेम साहब', 'एजेक्स' जैसे नामों से विख्यात एनी बेसेंट की गिनती विश्व के महान् दार्शनिकों और समाज-सुधारकों में की जाती है। उनका प्रभावशाली व्यक्तित्व लोगों को सम्मोहित-सा कर देता था; उनकी वाक्-कला का जादू लोगों के सिर चढ़कर बोलता था। यही कारण था कि वे हर किसी को अपनी ओर आकर्षित कर लेती थीं। उनके विचारोत्तेजक व्याख्यान और लेख स्वयं में दार्शनिक तत्त्वों को समेटे होते थे। उन्होंने न केवल ईश्वरीय अस्तित्व पर गहन शोध किया, वरन् सामाजिक स्तर की कुरीतियों और रूढ़िवादिता का भी विरोध किया। उनका दर्शन जीवन के हर पहलू से संबंधित था।

कर्मवाद

गीता में श्रीकृष्ण ने कर्मयोग का वर्णन करते हुए कहा है, ''इसे अपनाकर मनुष्य कर्मों के बंधन को त्याग सकता है। कर्मयोग में बीज (आरंभ) का नाश नहीं होता और न ही इसमें प्रतिकूल फल का भय है। बल्कि इसमें धर्म का थोड़ा सा भी ज्ञान हमें जीवन-मृत्यु के भय से मुक्त कर देता है अर्थात् यदि हम में जन्म-मृत्यु, यश-अपयश, हानि-लाभ आदि को एक समान दृष्टि से देखने के भाव पैदा हो जाएँ तो फिर हम सभी भयों से मुक्त हो जाते हैं। मनुष्य का अधिकार केवल कर्म पर है, उसके फल पर नहीं। इसलिए न तो कर्म-फल की इच्छा करो और न ही कर्म करने से पीछे हटो। मोह-ममता का त्याग करके सिद्धि-असिद्धि व लाभ-हानि को समान दृष्टि से देखते हुए केवल अपने कर्म पर ध्यान दो, क्योंकि निष्काम कर्म ही समदृष्टि उत्पन्न करता है, वही योग कहलाता है।''

गीता से अत्यंत प्रभावित होने के कारण एनी बेसेंट के जीवन का मूल मंत्र था—'कर्म'। धर्म की तुलना में वे कर्म को अधिक महत्त्व देती थीं। श्रीकृष्ण द्वारा कर्मयोग पर दिए उपदेश उनके आदर्श थे। उनका कथन था, ''मनुष्य धर्म के बिना रहने का विचार कर सकता है, परंतु कर्म किए बिना जीवित रहना उसके लिए असंभव है। कर्म मनुष्य को आंतरिक रूप से सबलता प्रदान करता है।''

श्रीकृष्ण की भाँति एनी बेसेंट भी निष्काम कर्म पर जोर देते हुए निजी स्वार्थों से ऊपर उठकर कार्य करने के लिए प्रेरित करती थीं। 'विश्व-बंधुत्व की स्थापना', 'विभिन्न जातियों एवं मतों में परस्पर समन्वय', 'मानवीय प्रेम, सौहार्द'—उनके इसी कर्म-प्रधान दृष्टिकोण को अभिव्यक्त करते हैं।

उदार एनी बेसेंट कर्मवाद की यह विचारधारा केवल भारत तक सीमित नहीं रखना चाहती थीं, बल्कि उनका लक्ष्य इसके माध्यम से विश्व को एकता के सूत्र में पिरोना था। उनकी दृष्टि में यूरोपीय और भारतीय समाज में कोई अंतर नहीं था। यही कारण था कि देश-विदेश में दिए गए व्याख्यानों में उन्होंने लोगों को परस्पर सहयोग तथा बंधुत्व के लिए प्रोत्साहित किया। उनकी यह विचारधारा अनेक राष्ट्रीय नेताओं के साथ-साथ गांधीजी के जीवन का भी आदर्श बनी, जिन्होंने कर्मवाद के निष्काम सिद्धांत को अपनाकर जीवनपर्यंत उस पर अमल किया।

अध्यात्मवाद

एनी बेसेंट का झुकाव आरंभ से ही अध्यात्म की ओर था, उनके विचार-दर्शन से इसका परिचय मिलता है। उनकी आध्यात्मिक अंतरदृष्टि ईश्वरीय शक्तियों को एक सूत्र में पिरोकर व्यवस्थित रूप में प्रकट करती है। पौराणिक दर्शन—'समस्त प्राणी एक ही ईश्वर की संतान हैं तथा ईश्वरीय अंश सृष्टि के कण-कण में विद्यमान है'—इस कथन में उनका विश्वास था। इसलिए वे सभी मनुष्यों में परस्पर स्नेह, सहयोग और बंधुत्व का समर्थन करती थीं। उन्होंने स्पष्ट तौर पर कहा कि 'परोपकार, स्वार्थरहित कार्यों, सहयोग, निजी सुखों के त्याग तथा विभिन्न मतों में समभाव रखकर ईश्वरीय सत्य को समझा जा सकता है।'

वे थियोसॉफिकल सोसाइटी को आध्यात्मिक संस्था के रूप में देखती थीं। उसका अध्यात्म व्यक्तिगत हितों की अपेक्षा सामाजिक कल्याण के लिए था। इससे प्रेरित होकर उन्होंने थियोसॉफिस्ट बनने का निश्चय किया। बाद में अध्यात्म से ओत-प्रोत भारतीय संस्कृति तथा गीता और उपनिषदों के गहन अध्ययन ने उनके अध्यात्मवाद को विकसित किया।

हिंदू धर्म में गहरी आस्था होने के बाद भी उन्होंने इसे अपनाने पर जोर नहीं दिया। वे स्वतंत्र धार्मिक दृष्टिकोण तथा वैचारिक स्वतंत्रता की पक्षधर थीं। लेकिन हिंदुत्व की एक महत्त्वपूर्ण इकाई 'अध्यात्म' को वे विश्व में प्रचारित करना चाहती थीं। उनकी दृष्टि में सत्य को जानने का यही एक मात्र सर्वोत्कृष्ट साधन था।

आत्मानुभवों से उन्होंने अध्यात्म की शक्ति को पहचान लिया था। इसलिए यूरोपीय समाज में उन्होंने अपने व्याख्यानों द्वारा अध्यात्म पर जोर दिया।

उनके राजनीतिक विचारों की आधारशिला भी उनके आध्यात्मिक व नैतिक मूल्य थे। उनका मानना था कि 'सद्मार्ग का निर्धारण अध्यात्म के बिना संभव नहीं है। मनुष्य की इच्छाओं को ईश्वर के अधीन होना चाहिए, तभी कल्याणकारी जीवन प्राप्त होगा। राष्ट्र का निर्माण और विकास तभी संभव है, जब उस देश के विभिन्न मतों, मान्यताओं और संस्कृतियों में एकता स्थापित हो।'

आदर्शवाद

कर्मवाद तथा अध्यात्मवाद के अतिरिक्त एनी बेसेंट के दर्शन में आदर्शवाद प्रमुख था। उसमें भी वे नैतिकता को सर्वोपरि मानती थीं। उनकी दृष्टि में अत्याचार सहना या अत्याचारी का साथ देना, समाज को हानि पहुँचाना, अनुचित कार्य करना अथवा किसी का आर्थिक, मानसिक, शारीरिक या सामाजिक शोषण अनैतिकता की सीमाओं में आते थे। उन्होंने अपने व्याख्यानों तथा लेखों द्वारा लोगों को नैतिकता का अनुसरण करने के लिए कहा। उनका कथन था, "समाज में अनैतिकता का वर्चस्व उसे पतन की ओर अग्रसर करता है। अनैतिकता ऐसी दीमक है, जो देश को तेजी से खोखला कर अंततः नष्ट कर देती है। इसलिए हमारे लिए सामाजिक नैतिकता को स्वीकारना परमावश्यक है। इससे हम अपनी आंतरिक बुराइयों पर विजय प्राप्त कर आदर्श समाज की स्थापना कर सकते हैं।"

आदर्शवाद की दूसरी कड़ी में एनी मानवता का समर्थन करती थीं। परस्पर स्नेह, सहयोग, परोपकार तथा स्वार्थरहित मानवीय सहायता को वे मानवता के अंश मानती थीं। उनका उद्देश्य समाज में मानवता के बीज बोना था। एक बार उन्होंने कहा था, "मानवता हमें दूसरे प्राणियों से अलग करके मनुष्य होने का अहसास कराती है। इससे मनुष्य के सभ्य, सुसंस्कृत तथा संस्कारी होने का परिचय मिलता है।"

वस्तुतः उनका आदर्शवाद व्यक्तिगत स्वतंत्रता, मानवीय विकास तथा नवीन सामाजिक निर्माण पर केंद्रित था। उनकी कल्पनाओं का समाज सदियों से चले आ रहे द्वेष से मुक्त होकर नए सिद्धांतों को जन्म देगा। उनके सपनों का विश्व अंधकार से घिरे राष्ट्रों के बीच बंधुत्व स्थापित करने में सक्षम है। एनी बेसेंट ने विश्व-बंधुत्व स्थापित करने के लिए संघर्ष किया। सार्वजनिक मंच पर खड़े होकर उन्होंने लोगों

को परस्पर विद्वेष भुलाकर एकजुट होने का आह्वान किया।

उदारवाद

एनी बेसेंट के प्रगतिवादी एवं स्वतंत्र विचार सामाजिक और धार्मिक क्षेत्र में उदारवाद का प्रबल समर्थन करते हैं। अपनी स्पष्टवादिता द्वारा उन्होंने कभी धर्म की रूढ़िवादिता पर तो कभी तत्कालीन विकृत सामाजिक ताने-बाने पर कटाक्षपूर्ण प्रहार किए। 'विश्व-बंधुत्व' के बारे में उन्होंने स्पष्ट कहा, ''यह विश्व एक परिवार है और सभी मनुष्य एक-दूसरे के बंधु-बांधव हैं। परंतु द्वेष तथा स्वार्थपरक नीतियों के कारण उनके बीच अलगाव व्याप्त है। हमें सुनियोजित ढंग से परस्पर बंधुत्व स्थापित करना है, जिससे देश और समाज विखंडन से उबरकर सुदृढ़ हो सकें।''

धार्मिक क्षेत्र में फैली घृणा और द्वेष देखकर वे दुःखी थीं। उनका उत्सुक मन पुरानी परंपराओं को छोड़कर धर्म को नवीन सिद्धांतों के अनुरूप परिभाषित करना चाहता था। उनकी उदारवादी विचारधारा समाज के निम्नतम वर्ग के साथ शोषित व्यवहार के विरुद्ध थीं। उनकी अतृप्त इच्छाओं व अधूरे जीवन की पीड़ा को उनका उदार मन अनुभव करता था; उनके आँसुओं के मर्म को वे गहराई से समझती थी, इसलिए उन्होंने सार्वजनिक मंच पर उनके उत्थान का समर्थन किया। इसके लिए वे रूढ़िवादी मानसिकता तथा सड़े-गले सामाजिक ढाँचे की आलोचना करने से कभी पीछे नहीं हटती थीं।

एनी बेसेंट कट्टरवाद और संकुचित विचारों का विरोध करते हुए व्यक्ति की धार्मिक तथा वैचारिक स्वतंत्रता को अधिक महत्त्व देती थीं। उनका उदारवाद समाज के निचले वर्ग को उबारने के लिए प्रयत्नशील था।

विद्रोही

आदर्शवाद और उदारवाद का प्रचार करते हुए एनी बेसेंट धार्मिक, सामाजिक तथा राजनीतिक विद्रोही के रूप में उभरीं। उनका विद्रोह था—प्रचलित धर्मांधता एवं कट्टरवाद के विरुद्ध; सामाजिक कुरीतियों के विरुद्ध; रूढ़िवादिता के विरुद्ध; परस्पर विद्वेष व अलगाववाद के विरुद्ध। पारिवारिक अत्याचारों, मानसिक यंत्रणाओं, दमन, सामाजिक बंधनों, कानूनी अन्याय तथा धर्म के प्रहारों से उनमें 'विद्रोह' जन्म ले चुका था। पति से संबंध-विच्छेद के बाद उनका विद्रोह सार्वजनिक स्तर पर मुखर

हो उठा। उन्होंने अपने लेखों और व्याख्यानों द्वारा कुरीतियों तथा धर्मांधता पर प्रहार किया। यूरोपीय समाज में महिलाओं की दुर्दशा एवं अवनति को लेकर उनमें विद्रोह था। वे कृत्रिमवाद और पाखंड की विरोधी थीं। उन्होंने धार्मिक कठोरता और निर्दयता का गहन अवलोकन किया था। उन्हें ऐसे सड़े-गले नियमों से चिढ़ थी, जो ईश्वरीय सत्य को जानने में सबसे बड़े अवरोधक थे। उन्होंने ऐसी धार्मिक रीतियों को मानने से इनकार कर दिया, जो मनुष्य को स्वतंत्र चिंतन से वंचित करती थीं।

धर्म-प्रभावित कानून के अन्याय को उन्होंने प्रत्यक्षतः भोगा था। जिन दिनों अदालत में महिलाओं का प्रवेश वर्जित था, उन्होंने अदालत में उपस्थित होकर अपने विद्रोह को प्रदर्शित किया। इसके अतिरिक्त भारत में ब्रिटिश सरकार की नीतियों तथा यूरोप में महिला मताधिकार की माँग करनेवालों का पक्ष लेकर उन्होंने विद्रोहात्मक स्वर तीव्र किया।

उनका विद्रोह समाज को जागरूक करने के लिए था। वे चाहती थीं कि धर्म और समाज में आमूल-चूल परिवर्तन हों, जिससे उनके सभी दोष नष्ट हो जाएँ।

इस तरह हम देखते हैं कि एनी बेसेंट का दर्शन परिलोक की कल्पनाओं पर आधारित न होकर सामाजिक तथा धार्मिक क्षेत्र में प्रचलित कुरीतियों, असमानताओं, अन्याय व शोषण जैसे तत्त्वों से प्रभावित था। उनका दर्शन जीवन के कठोर अनुभवों से पनपा था, जिसमें काल्पनिक सौंदर्य का अभाव था। ❑

30

महत्त्वपूर्ण व्याख्यान

एनी बेसेंट ने अनेक महत्त्वपूर्ण व्याख्यान देकर भारतीय जनसमुदाय को जागरूक करने तथा उनमें नवचेतना का संचार करने का कार्य किया। उनके भाषण थियोसॉफी के साथ-साथ धर्म, नारी-शिक्षा, विधवा पुनर्विवाह जैसे समाज-सुधारक विषयों से संबंधित थे। उनके द्वारा दिए गए कुछ सारगर्भित एवं प्रगतिवादी विचारों से ओत-प्रोत व्याख्यान निम्नलिखित हैं–

युवा-शिक्षा

युवाओं को दी जाने वाली शिक्षा के विषय में एनी बेसेंट ने कहा था, "आज हमारे राष्ट्र में शिक्षा से अधिक महत्त्वपूर्ण और कुछ नहीं है, क्योंकि इसी पर हमारा भविष्य निर्भर है। बच्चों को नैतिक, आध्यात्मिक, सांस्कृतिक तथा राजनीतिक—हर प्रकार की शिक्षा दी जानी चाहिए। इसका प्रारंभ हमें अपने घर से ही करना होगा। इसके लिए माता-पिता को 'मार्गदर्शक' बनकर बच्चों को संस्कारी बनाना चाहिए। बच्चों को बताना चाहिए कि धर्म एक कर्तव्य है, जिसका उन्हें पालन करना है। विद्यालयों में नैतिक शिक्षा का पाठ प्रतिदिन पढ़ाने की व्यवस्था होनी चाहिए, तभी बच्चे धर्म को महत्त्व देंगे। उनके राजनीतिक जीवन में नैतिक शिक्षा उपलब्धियों का साधन बनेगी।

बच्चों के लिए 'संस्कृत' की तरह 'अंग्रेजी' भी सामान्य भाषा होनी चाहिए। पहले समय में जिस तरह अंग्रेजी पढ़ाई जाती थी, वह सफल नहीं हुई। इसलिए बच्चों को आज के आधुनिक समय के अनुसार अंग्रेजी का ज्ञान दिया जाना चाहिए, जिससे वे उसे समझकर उसका लाभ उठा सकें। भारत में प्रत्येक यूरोपीय स्कूल में संस्कृत अनिवार्य विषय होना चाहिए। यह हिंदुओं की मातृभाषा है। इसका इतिहास में बहुत महत्त्व है। इसे भारतीय शिक्षा में अवश्य सम्मिलित किया जाना चाहिए। इसी तरह संस्कृत पढ़ानेवाले स्कूलों में; जहाँ बच्चों को पांडित्य के लिए प्रशिक्षित किया जाता है; अंग्रेजी का भी प्रयोग होना चाहिए। पंडित केवल संस्कृत जानते हैं, जबकि अंग्रेजों को केवल अंग्रेजी का ज्ञान है। इससे ये दोनों एक-दूसरे के विचारों तथा बातों

को बहुत कम समझ पाते हैं। यह स्थिति दोनों के लिए विकट है। हमें इन दोनों को निकट लाना होगा और यह तभी संभव है, जब ये दोनों एक-दूसरे की भाषाओं को भली-भाँति समझेंगे।

यदि नारी की बात की जाए तो मैं स्पष्ट कहना चाहूँगी कि भविष्य के भारत का नेतृत्व इनके हाथों में है। आज ये घर-परिवार देखती हैं, लेकिन शिक्षित होकर ये राष्ट्र की जिम्मेदारियाँ उठाने के लिए भी तैयार हैं। नारी-शक्ति पर हमारा राष्ट्र निर्भर है। पिछली दो-चार पीढ़ियों से हिंदू महिलाओं की शिक्षा पर पूरा ध्यान देते हुए उन्हें धर्म, पुराण तथा साहित्य का ज्ञान दिया जा रहा है। वे बहुत सरलता से पुराणों के श्लोक याद कर लेती हैं। इस कारण उनके बच्चे भी नैतिक तथा धार्मिक वातावरण में घुलमिल जाते हैं। वे घर का काम करने में आगे हैं और समय आने पर पति के साथ कंधे-से-कंधा मिलाकर भी खड़ी हो सकती हैं। अब उनकी पुरातन शिक्षा में नवीनता का समावेश हो रहा है, इसलिए प्रत्येक क्षेत्र में वे प्रशिक्षित हैं। भारतीय महिलाएँ अच्छी अध्यापिका, माँ, पत्नी और नेत्री हैं। इन सबके बीच हमें सिर्फ इस बात का ध्यान रखना है कि वे स्वधर्म की कभी अनदेखी न करें, क्योंकि यही उनकी आंतरिक शक्ति का आधार है।''

नारी-शिक्षा

नारी-शिक्षा व उसके विभिन्न पंहलुओं का उल्लेख करते हुए एनी बेसेंट ने कहा था, ''वर्ष 1893 में जब मैं भारत आई, तब सबसे पहले मैंने नारी-शिक्षा पर ध्यान दिया था। इतना संघर्ष करने के बाद आज हमें लगता है कि हमने बहुत हद तक भारतीय लोगों को प्रभावित कर लिया है। हमने हमेशा ध्यान दिया कि महिलाओं को राष्ट्रीय स्तर पर सम्मान दिया जाए, वे केवल माँ और पत्नी बनकर न रह जाएँ। वे पुरुषों के साथ प्रतियोगिता करें; हर गतिविधि में भाग लें। लड़कियों को भी लड़कों की तरह शिक्षा दी जानी चाहिए, ताकि भविष्य में वे अपना और अपने परिवार का भविष्य सुरक्षित कर सकें। वे पेशेवर बनें; अपने पति की सहायता करने में सक्षम हों तथा अपने बच्चों को स्वयं पढ़ा सकें।

हर लड़की को स्वधर्म की शिक्षा दी जानी चाहिए; उसके मौलिक सिद्धांत बहुत सरल तरीके पढ़ाए जाने चाहिए। नैतिक स्तर पर उन्हें महाभारत और रामायण का परिचय देना चाहिए। प्रत्येक लड़की को मनुस्मृति और तुलसीकृत रामचरितमानस का पाठ स्मरण होना चाहिए। इसके साथ-साथ उन्हें भगवद् गीता के

ज्ञानवर्द्धक श्लोकों के बारे में पता होना चाहिए। उनमें धार्मिक क्रियाओं का ज्ञान और उन्हें आगे बढ़ाने की समझ होनी चाहिए। उनमें इतनी योग्यता होनी चाहिए कि वे स्वधर्म को उचित तरीके से प्रस्तुत कर सकें। मैत्रेई और गार्गी की तरह वे समाज में उदाहरण प्रस्तुत करें। इसी तरह मुसलिम लड़कियों को भी अपने धर्म के प्रति यही सब करना चाहिए।

हिंदी, उर्दू, बंगाली, मराठी, गुजराती, तेलुगु, तमिल—लड़कियों को सभी भाषाएँ लिखने और पढ़ने की स्वतंत्र शिक्षा दी जानी चाहिए। यदि समय मिले तो उन्हें स्वधर्म के अतिरिक्त दूसरे धर्म के बारे में भी पढ़ना चाहिए। विश्व की सबसे प्राचीन भाषा 'संस्कृत' की उन्हें अधिक जानकारी होनी चाहिए, जिससे कि वे उसे दूसरों को भी समझा या पढ़ा सकें। उन्हें भारत का इतिहास व भौगोलिक ज्ञान सरल तरीके से पढ़ाया जाना चाहिए। प्रसिद्ध भारतीय महिलाओं के जीवन-चरित्रों का उन्हें ज्ञान देना चाहिए और उनकी कहानियों से प्रेरणा लेकर उन्हें कुछ ऐसा करने के लिए प्रेरित करना चाहिए, जो उनके सम्मान में वृद्धि करे। लड़कियों को अपनी मर्यादा का पता होना चाहिए। ध्यान रहे कि वे पाश्चात्य संस्कृति से प्रभावित होकर भारतीय पहचान न खो दें, क्योंकि भारतीय पहचान का मतलब है—सच्ची, पवित्र और शक्ति-संपन्न भारतीय नारी। उन्हें इन्हीं विशेषताओं से पहचाना जाता है। उन्हें अंग्रेजी संस्कृति पर निर्भर नहीं होना और न ही उसे स्वयं पर हावी होने देना चाहिए।

किसी भी भारतीय पत्नी, माँ, बेटी या फिर घर को सँभालनेवाली महिला के लिए इससे ज्यादा जरूरी कोई चीज नहीं है कि उसे विज्ञान-संबंधी ज्ञान मिले। चाहे महिला शहर में हो या छोटे से गाँव में; उसे खाने की वस्तुओं, दवाइयों, प्राथमिक उपचार, साफ-सफाई तथा घर को व्यवस्थित व घर-बजट को नियंत्रित करने का ज्ञान होना चाहिए। उसे घर की सफाई और सुरक्षा के बारे में ठीक से पढ़ाया जाना चाहिए। भारतीय घरेलू महिलाओं के लिए खाना बनाना भी शिक्षा का एक अहम हिस्सा है, जिससे वे अपने परिवार का भरण-पोषण करती हैं। उन्हें स्कूल में शिक्षा दी जानी चाहिए कि उनके लिए कौन सा खाना स्वास्थ्यप्रद और कौन सा नुकसानदायक है। उन्हें दवाइयों का भी समुचित ज्ञान होना चाहिए, जिससे चोट लगने या दुर्घटना होने की स्थिति में डॉक्टर के आने से पूर्व रोगी का उपचार हो सके।

कला भी एक शिक्षा है, जिसके विषय में लड़कियों को आवश्यक ज्ञान होना चाहिए। उन्हें संगीत में रुचि लेनी चाहिए; कोई भी वाद्य यंत्र बजाना सीखना चाहिए। इसके अतिरिक्त चित्रकला, सिलाई व बुनाई का काम भी उन्हें आना चाहिए। इससे

घर का छोटा-मोटा काम वे स्वयं कर सकती हैं। इन क्षेत्रों में महारत उन्हें आत्मनिर्भर बनाएगी।''

महिलाओं को शारीरिक शिक्षा की अनदेखी नहीं करनी चाहिए। स्कूल व कॉलेज में व्यायाम पर जोर देते हुए उन्हें इसके लाभ बताने चाहिए। दक्षिण भारत में महिलाएँ शारीरिक व्यायाम को बहुत पसंद करती हैं। इसलिए वे पूरी तरह स्वस्थ होती हैं। महिलाओं को बताया जाना चाहिए कि किस तरह व्यायाम से वे स्वयं को चुस्त-दुरूस्त रख सकती हैं। उन्हें पढ़ाया जाना चाहिए कि व्यायाम से सभी रोग नष्ट हो जाते हैं और शरीर स्वस्थ रहता है।

मेरी दृष्टि में ये सभी शिक्षाएँ भारत की हर नारी को दी जानी चाहिए, जिससे वह अपना भविष्य सँवार सकती है। केवल नारी ही है, जिसे ईश्वर ने अपार शक्ति दी है। वह अपने पति के साथ हर परिस्थिति में खड़ी होती है; उसकी सफलता में सबसे अधिक योगदान देती है; बच्चों के लिए एक अच्छी माँ सिद्ध होती है; परिवार का पालन-पोषण करती है। यदि सभी महिलाएँ शिक्षित होकर एकजुट हो जाएँ तो वे विश्व के हर असंभव काम को संभव कर सकती हैं।''

विधवा-पुनर्विवाह

''हिंदू धर्म में विवाह के बाद पुरुष और स्त्री को एक-दूसरे का हिस्सा माना जाता है; दोनों एक-दूसरे की कमियों को पूरा करते हैं, हालाँकि शारीरिक तौर पर दोनों अलग-अलग होते हैं। हिंदू पत्नी आत्मिक रूप से अपने पति से इतनी गहरी जुड़ी होती है कि उसके बिना जीवन की कल्पना तक नहीं करती। मुझे नहीं लगता कि कोई भी हिंदू पत्नी अपने पति की मृत्यु को सहन कर सकती है। वह अपने पति के प्यार को अपने रोम-रोम में बसा लेती है। उसमें इतनी शक्ति होती है कि यमराज से भी अपने पति के प्राण वापस ला सकती है। इसके लिए सावित्री से बड़ा उदाहरण और क्या होगा! वह अपने बेटे से वादा करती है कि उसके पिता के प्राण वापस लाकर रहेगी। लेकिन आज के इस युग में हमें यह सब देखने-सुनने को नहीं मिलता। दूसरे पति का प्यार स्त्री को पहले पति का प्यार भुलाने के लिए विवश कर देता है। यद्यपि कई लोग ऐसे हैं, जो पुनर्विवाह के विरुद्ध हैं। परंतु कई स्त्रियाँ ऐसी हैं, जिन्होंने न्याय के लिए आवाज उठाई और उन्हें पत्नी से माँ बनने का सौभाग्य प्राप्त हुआ।

दक्षिण भारत में देखा गया है कि आज भी वहाँ लड़कियों की अपेक्षा लड़कों

की मृत्यु अधिक होती है। इसी कारण वहाँ महिलाओं की संख्या अधिक है, चाहे फिर वे विधवा हों या अविवाहित। महिलाओं को शिक्षा के लिए प्रोत्साहित किया जाना चाहिए, जिससे वे पढ़-लिखकर आत्मनिर्भर बनें और पुरुषों का मुकाबला कर सकें। प्रत्येक विधवा की दोबारा शादी का मतलब है—'एक और कुँवारी लड़की'। हमारे देश में विधवाओं की संख्या अधिक है, क्योंकि यहाँ बाल-विवाह या उम्र से पूर्व ही विवाह कर दिया जाता है। लेकिन इस प्रथा को बहुत हद तक रोक दिया गया है। जब तक वह मानसिक या शारीरिक रूप से तैयार नहीं हो जाती, तब तक उसका विवाह नहीं किया जाता। यदि यह सोच कायम रही तो भारत में कई लड़कियों को विधवा होने से बचाया जा सकता है।

अधिकांश लोग विधवा-पुनर्विवाह में विश्वास नहीं करते। इस कारण मृतक व्यक्ति की पत्नी विधवा रहकर सारा जीवन व्यतीत कर देती है। उसके दुःख-दर्द को कोई नहीं बाँटता; उसे एक कोने में फेंक दिया जाता है। लोग यह नहीं जानते कि यदि उसका दुःख एक पुरुष बाँट ले तो वह सारा जीवन हँसते-हँसते काट सकती है। जब एक स्त्री को बाल-विवाह के लिए उकसाया जा सकता है; बच्चे पैदा करने के लिए विवश किया जा सकता है तो पति की मृत्यु के बाद उसे पुनः विवाह करने का भी पूरा अधिकार है। परंतु यह उसी स्थिति में होना चाहिए, जब उसके लिए विधवा स्त्री मानसिक रूप से तैयार हो।''

थियोसॉफिस्ट की प्रवृत्ति

''थियोसॉफिस्ट के व्यवहार को विश्व के बहुत-से धर्मों ने गलत समझा और इसी का लाभ विरोधियों ने उठाया। उनकी टिप्पणियाँ समाचार पत्रों में प्रकाशित हुईं, जिससे एक नया विवाद उठ सके। लेकिन मैं आपको बताना चाहती हूँ कि सही अर्थ में थियोसॉफिस्ट कौन होता है।

थियोसॉफी या दिव्य ज्ञान कहता है कि लोगों को ईश्वर का प्रत्यक्ष ज्ञान देना संभव है, क्योंकि मनुष्य एक आत्मा है जिसका प्रकृति से संपर्क होता है। उसमें सार्वभौमिक सत्ता अर्थात् ईश्वर का अंश होता है। इसी के आधार पर वह ईश्वर के स्वरूप को जान सकता है।

प्रकृति के दो आधारभूत नियम हैं—क्रिया और प्रतिक्रिया। इसलिए जैसा कर्म करोगे, वैसा फल पाओगे। मनुष्य में परस्पर बंधुत्व का भाव होता है, जिसके बारे में धर्म में पढ़ाया जाता है। प्रत्येक धर्म अपने लोगों को कुछ विशेष सीख देता है।

इसलिए थियोसॉफिस्ट किसी एक धर्म की बजाए सभी धर्मों की बात करते हैं और सबको बराबर प्रस्तुत करते हैं। यदि लोग अपने धर्म को लेकर कठोर होते हैं तो थियोसॉफिस्ट उनके साथ पूरा सहयोग करते हैं और उन्हीं के अनुरूप उनसे बात करते हैं। थियोसॉफिस्ट हर धर्म का सम्मान करते हैं। वे हिंदू से ईसाई धर्म की बात नहीं करते और न ही ईसाई से हिंदुत्व की बात करते हैं। वे लोगों की सहायता करके उनमें बंधुत्व बढ़ाते हैं और उन्हें अध्यात्म की ओर प्रेरित करते हैं। थियोसॉफिस्ट जिस देश में होते हैं, वहाँ के धर्म का सम्मान करते हैं; कभी उसका विरोध नहीं करते। वे ऐसे लोगों का साथ नहीं देते जो दूसरे धर्म की निंदा करते हैं। उनका एक ही लक्ष्य होता है—'शांति'।

हम स्कूल-कॉलेज में लोगों की सहायता करते हैं, जिससे उन्हें उन्हीं की भाषा में पढ़ाया जाए। मैंने भारत में हिंदुओं पर व्याख्यान दिए हैं और उन्हें श्रेष्ठ हिंदू बनाने के लिए उनके जीवन में कुछ सुधारों का उल्लेख किया है। मैंने पारसियों को पारसी धर्म पर तथा मुसलमानों को मुसलिम धर्म पर व्याख्यान दिए हैं। मैंने बच्चों को स्कूल भेजने के लिए उनके माता-पिता को प्रेरित किया। मैंने उनसे कहा कि बच्चों को मिशनरी स्कूल की अपेक्षा उन स्कूल-कॉलेज में भेजें, जहाँ उन्हें अपने धर्म की शिक्षा दी जाती है। इस बात को सिद्ध करने के लिए यह पर्याप्त है कि धर्म के संबंध में थियोसॉफिस्ट का व्यवहार संकीर्ण या असहिष्णु न होकर उदार है।''

विद्यार्थी जीवन और धर्म

''एक विद्यार्थी का जीवन उसके स्कूल और कॉलेज में इतना उलझ जाता है कि वह दूसरे विषयों की ओर ध्यान ही नहीं दे पाता। मन-ही-मन वह अकसर स्वयं से प्रश्न करता है कि मेरे पास धर्म के लिए कितना समय है? आज हमारे देश के अधिकतर बच्चे 'धर्म' शब्द से अनजान हैं। वे यह भी नहीं जानते हैं कि धर्म के प्रति उनके कर्तव्य और जिम्मेदारियाँ कौन सी हैं।

धर्म शब्द का क्या अर्थ है? धर्म का मतलब है—'स्वयं में ईश्वर की खोज करना और सद्मार्ग पर चलना'।

माता-पिता को अपने बच्चों को स्वधर्म की शिक्षा अवश्य देनी चाहिए। एक लड़के के लिए इससे अधिक जरूरी कुछ नहीं कि वह स्वधर्म के मौलिक सिद्धांतों को जाने। उसे इसका ज्ञान स्कूल और कॉलेज में भी दिया जाना चाहिए, जहाँ वह अपना अधिकांश समय व्यतीत करता है। विद्यार्थी जीवन में उसे कम-से-कम आधा

घंटा धर्म की शिक्षा दी जानी चाहिए। हर किसी की पूजा करनी चाहिए, जिससे वह अपने जीवन के महत्त्व और अपनी आंतरिक शक्ति को पहचान सके। प्रत्येक हिंदू परिवार के लड़के को नहा-धोकर संध्या-पूजा करनी चाहिए, जैसाकि उसके घर का नियम होता है। यदि वह उसे पूरे विश्वास और भक्ति के साथ करता है तो इसका मतलब है कि उसने अपना धर्म निभाया है। वह चाहे तो भगवद् गीता के श्लोक भी पढ़ सकता है।

'जीवन में सबसे स्नेहयुक्त व्यवहार करना' विद्यार्थी का धार्मिक कर्तव्य है, जिसे हमेशा निभाना चाहिए। उसे माता-पिता का आदर-सम्मान करना चाहिए। उसे चाहिए कि वह अपने अध्यापक को अच्छा, योग्य और आज्ञाकारी विद्यार्थी बनकर दिखाए। युवावस्था ज्ञान अर्जित करने तथा कुछ सीखने का समय होता है। यदि वह समय हाथ से चला गया तो फिर लौटकर नहीं आता। इसलिए इस समय का उसे सदुपयोग करना चाहिए। शिक्षा के आधार पर एक व्यक्ति अनेक लोगों को स्वयं पर निर्भर कर सकता है। याद रखें कि अहंकारी व्यक्ति कभी अच्छा पति, पिता या नागरिक नहीं बन सकता। व्यक्ति को आसपास के लोगों की सहायता करनी चाहिए। यदि वह चतुर और बुद्धिमान है, तो कमजोर बच्चों को आगे बढ़ाने के लिए उनका मार्गदर्शन करना चाहिए। उसे सद्मार्ग पर चलते हुए धर्म का पालन करना चाहिए। मनुष्य में ये सद्गुण धर्म और नैतिकता से आते हैं। इसलिए इनका पालन करना सीखो।''

❑❑❑